한글을 알파벳으로 표기하기

가	야	거	겨	고	교	구	규	그	기
ga	gya	geo	gyeo	go	gyo	gu	gyu	geu	gi

나	냐	너	녀	노	뇨	누	뉴	느	니
na	nya	neo	nyeo	no	nyo	nu	nyu	neu	ni

다	댜	더	뎌	도	됴	두	듀	드	디
da	dya	deo	dyeo	do	dyo	du	dyu	deu	di

라	랴	러	려	로	료	루	류	르	리
ra	rya	reo	ryeo	ro	ryo	ru	ryu	reu	ri

마	먀	머	며	모	묘	무	뮤	므	미
ma	mya	meo	myeo	mo	myo	mu	myu	meu	mi

바	뱌	버	벼	보	뵤	부	뷰	브	비
ba	bya	beo	byeo	bo	byo	bu	byu	beu	bi

사	샤	서	셔	소	쇼	수	슈	스	시
sa	sya	seo	syeo	so	syo	su	syu	seu	si

아 a	야 ya	어 eo	여 yeo	오 o	요 yo	우 u	유 yu	으 eu	이 i
자 ja	쟈 jya	저 jeo	져 jyeo	조 jo	죠 jyo	주 ju	쥬 jyu	즈 jeu	지 ji
차 cha	챠 chya	처 cheo	쳐 chyeo	초 cho	쵸 chyo	추 chu	츄 chyu	츠 cheu	치 chi
카 ka	캬 kya	커 keo	켜 kyeo	코 ko	쿄 kyo	쿠 ku	큐 kyu	크 keu	키 ki
타 ta	탸 tya	터 teo	텨 tyeo	토 to	툐 tyo	투 tu	튜 tyu	트 teu	티 ti
파 pa	퍄 pya	퍼 peo	펴 pyeo	포 po	표 pyo	푸 pu	퓨 pyu	프 peu	피 pi
하 ha	햐 hya	허 heo	혀 hyeo	호 ho	효 hyo	후 hu	휴 hyu	흐 heu	히 hi

한 번만 봐도 기억에 남는
테마별
영단어 2300

한 번만 봐도 기억에 남는
테마별 영단어 2300

이화승 지음

머리말

영어의 세계는 학문적으로도 깊고 오묘합니다. 현실적으로도 국경을 초월하여 인터넷(Internet) 공간에서 주고받는 이메일의 80% 가까이가 영어로 되어 있다고 합니다. 영어의 효용성은 단순히 언어적 기술(technique) 뿐 아니라, 논리적인 면이 발달하여 논리적 사고(logical thinking)에 도움이 된다고 합니다. 또 수많은 단어와 문장을 두고 공부하다보면 자연스럽게 인내심(patience)까지 길러집니다.

영자신문을 보려면 적어도 9천 단어 정도는 알고 있어야 합니다. 하지만 천리 길도 한걸음부터이듯이 기초단어로 토대공사(ground-making)가 잘 되어 있어야 높은 건물을 지을 수가 있습니다. 일단 어느 정도 어휘력이 형성되면 다음에는 파생어나 접두사, 접미사의 효과로 기하급수적으로 어휘력이 증가할 수 있습니다. 눈덩이를 처음 만들기가 어렵지 굴러가면서 운동에너지를 얻으면 다음은 쉬운 거지요.

그런데 영단어 암기(memorize) 작업을 단순 노동(labor)이라고 생각하십니까?
영어를 정복(master)하기 위한 공격 전략(strategy)은 다채로워야 합니다. 왜냐하면 외국어 학습이란 지루한(boring) 작업의 반복(repeat)을 요구하기 때문이죠. 단어를 한두 번 보고 바로(instantly) 외워지는 일은 없습니다. 그래서 입으로 따라 읽고 듣기도 하고 손으로 열심히 적어보기도 합니다. 머릿속에 넣기 위한 다양한 단서(clue)를 만들기 위해서 입니다.

이 책의 특징이자 존재 이유도 그런 취지(purpose)에서입니다. 즉, 단어 옆에 그림을 보여줌으로써 단어의 이미지가 뚜렷이(clearly) 기억이 나게 됩니다. 단순히 단어만 나열(array)되어 있다면 지루하고 또 해당 단어를 찾기도 쉽지 않지요.

 그리고 이 책의 특징은 테마가 모두 우리 실생활(daily life)을 근거로 하고 있다는 점입니다. 따라서 평소에 아무 페이지나 열어보면 의외의(unexpected) 단어를 발견하게 되고 이런 점을 이용하여 영어 일기(혹은 프리토킹)를 쓴다든가 하면 단어와 작문(composition) 실력을 쌓을 수 있습니다.

이 책을 언제(anytime) 어디서나(anywhere) 휴대하시고 찾아보시면 화려한 전자사전 못지않은 가치를 발휘(show)하게 될 것입니다. 아무쪼록 이 책이 독자님들의 영어 활용에 도움을 드린다면 이 책이 출간된 소기의 목적(aim)은 달성되는 것이며 저에겐 더없는 기쁨(boundless joy)이 될 것입니다.

저자 드림

이 책의 특징

이 책은 본문을 9개 테마(Theme)로 나누고 테마별로 작은 Unit을 두어 다양한 주제별 어휘(전체어휘 약 2,300개 정도)를 실었다.

★ 그림 단어
재미있게 단어를 외울 수 있는 단서로서 그림을 보여주고 발음기호와 한글발음을 실었다.

★ 관련 단어와 숙어
그림 단어와 같은 테마의 단어 또는 필수 숙어를 제시한다.

★ Dialogue
해당 주제에 관한 짧은 대화를 읽고 단어의 활용을 기억할 수 있게 했다.

★ Joke
딱딱한 강의에 유머가 곁들여지면 기억에 오래가듯이 해당 주제에 관한 Joke를 읽으면 웃으며 익힐 수 있을 것이다.

★ Self Test
Theme가 끝나는 곳에 연습문제를 두어, 어느 정도 단어를 익힌 후에 스스로 테스트해볼 수 있도록 했다.

★ 영어/한글 색인
권말에 본문에 나온 단어를 알파벳(가나다) 순서로 배열하여 영어나 한글 양쪽으로 찾아보기 쉽게 배려하였다.

CONTENTS

Theme 1

→ human 인간 11

Unit 01	human body 인체	12
Unit 02	family 가족	20
Unit 03	birth to death 출생에서 죽음까지	22
Unit 04	love and marriage 연애와 결혼	24
Unit 05	everyday activities 일상 활동	28
Unit 06	physiological phenomena 생리 현상	32
Unit 07	personality 성격	34
Unit 08	looks 외모	36
Unit 09	emotions 감정(형용사)	38
Unit 10	feelings 느낌(명사)	40
Self test		42

Theme 2

→ home 가정 45

Unit 01	house 집	46
Unit 02	outer house 주택 외부	48
Unit 03	living room 거실	50
Unit 04	kitchen 주방	52
Unit 05	bathroom 욕실	54
Unit 06	bedroom 침실	56
Unit 07	baby's room 아기방	58
Unit 08	odds and ends 잡동사니	60
Self test		62

Theme 3

→ numbers 수 65

Unit 01	cardinal number 기수(基數)	66
Unit 02	ordinal number 서수(序數)	70
Unit 03	calculation 계산	72

Unit 04	shape 모양	74
Unit 05	calender 달력	76
Unit 06	time 시간	80
Self test		84

Theme 4

→ city 도시 87

Unit 01	downtown 시내	88
Unit 02	post office 우체국	90
Unit 03	hospital 병원	92
Unit 04	pharmacy 약국	96
Unit 05	illness 질병	98
Unit 06	bank 은행	102
Unit 07	fast food 패스트푸드	104
Unit 08	restaurant 레스토랑	106
Unit 09	bar 술집	110
Unit 10	hotel 호텔	112
Unit 11	school 학교	116
Unit 12	subject 과목	120
Unit 13	police station 경찰서	122
Unit 14	religion 종교	124
Self test		126

Theme 5

→ transportation 교통 129

Unit 01	vehicles 탈 것	130
Unit 02	bicycle 자전거	132
Unit 03	motorcycle 오토바이	134
Unit 04	car 자동차	136
Unit 05	roads 도로	140
Unit 06	train 열차	144
Unit 07	port 항구	148
Unit 08	airplane 비행기	150
Self test		154

Theme 6

→ **business** 업무 · · · · · · · · · · · · · · · · · · · 157

- Unit 01 occupations 직업 · · · · · · · · · · · · · · · · · · · 158
- Unit 02 job title 직위 · · · · · · · · · · · · · · · · · · · 162
- Unit 03 work 근로 · · · · · · · · · · · · · · · · · · · 164
- Unit 04 office 사무실 · · · · · · · · · · · · · · · · · · · 167
- Unit 05 computer 컴퓨터 · · · · · · · · · · · · · · · · · · · 170
- Unit 06 internet 인터넷 · · · · · · · · · · · · · · · · · · · 172
- Unit 07 communication 의사소통 · · · · · · · · · · · · · · · · · · · 176
- Self test · · · · · · · · · · · · · · · · · · · 178

Theme 7

→ **shopping** 쇼핑 · · · · · · · · · · · · · · · · · · · 181

- Unit 01 mall 쇼핑센터 · · · · · · · · · · · · · · · · · · · 182
- Unit 02 food court 식품 매장 · · · · · · · · · · · · · · · · · · · 186
- Unit 03 dress shop 의류점 · · · · · · · · · · · · · · · · · · · 188
- Unit 04 women's wear 여성복 · · · · · · · · · · · · · · · · · · · 192
- Unit 05 shoes & etc. 신발과 기타 · · · · · · · · · · · · · · · · · · · 194
- Unit 06 cosmetics 화장품 · · · · · · · · · · · · · · · · · · · 196
- Unit 07 electric home appliances 가전제품 · · · · · · · · · · · · · · · · · · · 200
- Unit 08 jewelry store 귀금속점 · · · · · · · · · · · · · · · · · · · 202
- Unit 09 bakery & cake shop 빵집과 제과점 · · · · · · · · · · · · · · · · · · · 204
- Self test · · · · · · · · · · · · · · · · · · · 206

Theme 8

→ **sports/hobbies** 스포츠/취미 · · · 209

- Unit 01 sports 스포츠 · · · · · · · · · · · · · · · · · · · 210
- Unit 02 sports equipment 스포츠 기구 · · · · · · · · · · · · · · · · · · · 214
- Unit 03 pool 수영장 · · · · · · · · · · · · · · · · · · · 216
- Unit 04 gym 실내체육관 · · · · · · · · · · · · · · · · · · · 218
- Unit 05 hobbies 취미 · · · · · · · · · · · · · · · · · · · 220
- Unit 06 cards 카드게임 · · · · · · · · · · · · · · · · · · · 222
- Unit 07 travel 여행 · · · · · · · · · · · · · · · · · · · 224
- Unit 08 sunbath 일광욕 · · · · · · · · · · · · · · · · · · · 226
- Unit 09 TV 티비 · · · · · · · · · · · · · · · · · · · 228

Unit 10	movie 영화	230
Unit 11	concert 연주회	232
Unit 12	amusement park 놀이공원	234
Self test		236

Theme 9

→ nature 자연 239

Unit 01	animal 동물	240
Unit 02	birds 조류	243
Unit 03	insects 곤충	246
Unit 04	fish 생선	248
Unit 05	fruits 과일	251
Unit 06	plant 식물	254
Unit 07	flowers 꽃	256
Unit 08	vegetables 야채	258
Unit 09	landscape 풍경	260
Unit 10	Weather 기후	262
Unit 11	materials 물질	264
Unit 12	color 색	266
Unit 13	space 우주	268
Unit 14	earth 지구	270
Unit 15	position 위치	272
Unit 16	antonym 중요한 반대말	274
Unit 17	주요 국명과 국민명	278
Self test		283

INDEX

| 영어 색인 | 287 |
| 한글 색인 | 304 |

THEMATIC ENGLISH WORDS

Theme 1
→ human 인간

Unit 01	**human body** 인체
Unit 02	**family** 가족
Unit 03	**birth to death** 출생에서 죽음까지
Unit 04	**love and marriage** 연애와 결혼
Unit 05	**everyday activities** 일상 활동
Unit 06	**physiological phenomena** 생리 현상
Unit 07	**personality** 성격
Unit 08	**looks** 외모
Unit 09	**emotions** 감정 (형용사)
Unit 10	**feelings** 느낌 (명사)

2 가정
3 수
4 도시
5 교통
6 업무
7 쇼핑
8 스포츠/취미
9 자연

 Unit 01

human body 인체

head 머리

① □ **hair** [hɛər] 헤어 머리카락

② □ **forehead** [fɔ́ːrhèd] 포어헤드 이마

③ □ **eye** [ai] 아이 눈

④ □ **pupil** [pjúːpəl] 퓨필 눈동자

⑤ □ **eyebrow** [aíbràu] 아이브라우 눈썹

⑥ □ **eyelashes** [áilæ̀ʃ] 아이래쉬즈 속눈썹

⑦ □ **nose** [nouz] 노우즈 코

⑧ □ **cheek** [tʃiːk] 치크 볼(뺨)

❾ ☐ **ear** [iər] 이어 귀
❿ ☐ **mouth** [mauθ] 마우스 입
⓫ ☐ **lips** [lips] 립스 입술
⓬ ☐ **tongue** [tʌŋ] 텅 혀
⓭ ☐ **tooth** [tu:θ] 투쓰 이 (복수형 teeth)
⓮ ☐ **chin** [tʃin] 친 턱

관련 단어

☐ **mustache** [mʌ́stæʃ] 머스터쉬 콧수염
☐ **eyelid** [áilìd] 아이릿 눈꺼풀
☐ **beard** [biərd] 비어드 턱수염
☐ **dimple** [dímpl] 딤플 보조개
☐ **mole** [moul] 모울 점
☐ **wrinkle** [ríŋkl] 링클 주름
☐ **acne** [ǽkni] 애크니 여드름 (=pimple)
☐ **skull** [skʌl] 스컬 두개골
☐ **scar** [skáːr] 스카 상처

A: **What is she like?**
그녀는 어때?

B: **She has a pretty face.**
그녀는 얼굴이 예뻐.

Unit 01 human body ▶▶▶

front body 앞모습

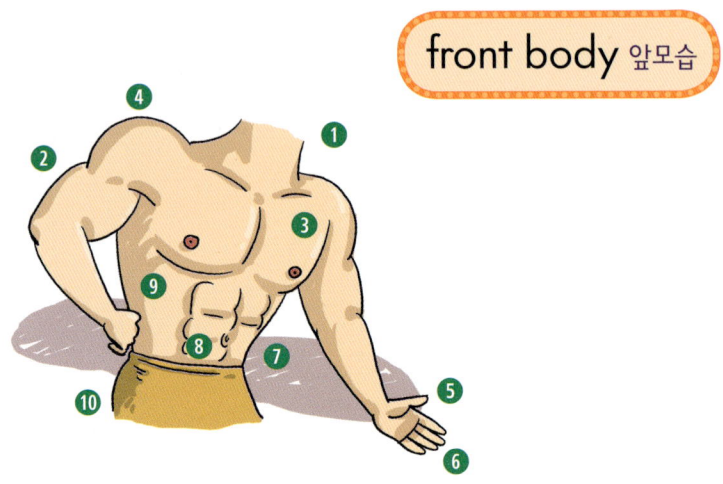

- ❶ ☐ **neck** [nek] 넥 목
- ❷ ☐ **arm** [ɑːrm] 암 팔
- ❸ ☐ **chest** [tʃest] 체스트 가슴
- ❹ ☐ **shoulder** [ʃóuldəːr] 쇼울더 어깨
- ❺ ☐ **hand** [hænd] 핸드 손
- ❻ ☐ **finger** [fíŋgər] 핑거 손가락
- ❼ ☐ **belly** [béli] 벨리 배
- ❽ ☐ **navel** [néivəl] 네이벌 배꼽
- ❾ ☐ **rib cage** [rib keidʒ] 립 케이쥐 갈비뼈
- ❿ ☐ **pelvis** [pélvis] 펠비스 골반

⓫ ☐ **leg** [leg] 렉 다리
⓬ ☐ **knee** [niː] 니- 무릎
⓭ ☐ **ankle** [ǽŋkl] 앵클 발목
⓮ ☐ **foot** [fut] 푸트 발 (복수형 feet)

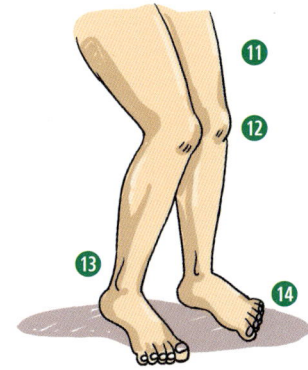

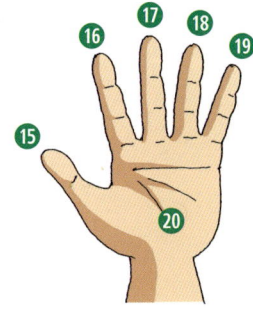

⓯ ☐ **thumb** [θʌm] 썸 엄지
⓰ ☐ **index finger** [índeks-] 인덱스 핑거 인지, 집게손가락
⓱ ☐ **middle finger** [mídl-] 미들 핑거 중지
⓲ ☐ **ring finger** [riŋ-] 링 핑거 약지
⓳ ☐ **little finger** [lítl-] 리틀 핑거 소지, 새끼손가락
⓴ ☐ **palm** [pɑːm] 팜 손바닥

Unit 01 human body ▶▶▶

관련 단어

- nail [neil] 네일 손톱
- wrist [rist] 리스트 손목
- fist [fist] 피스트 주먹
- the lines of the palm 손금
- read a person's palm …의 손금을 보다

- big toe [big tóu] 빅 토우 엄지발가락
- toenail [tóunèil] 토우네일 발톱

back body 뒷모습

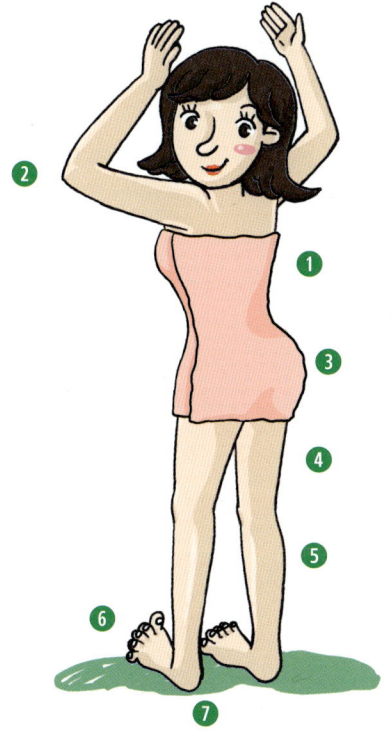

① □ **back** [bæk] 백 등
② □ **elbow** [élbou] 엘보우 팔꿈치
③ □ **hip** [hip] 힙 엉덩이
④ □ **thigh** [θai] 싸이 허벅지
⑤ □ **calf** [kæf] 캘프 종아리
⑥ □ **toe** [tou] 토우 발가락
⑦ □ **heel** [hi:l] 힐 뒤꿈치

Unit 01 human body ▶▶▶

organs 기관

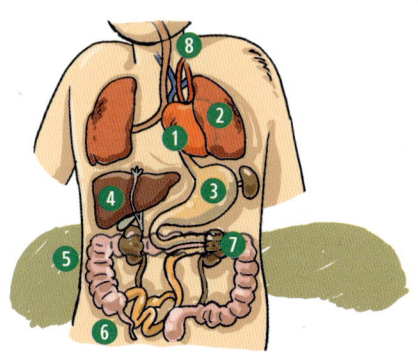

① □ **heart** [hɑːrt] 하트 심장

② □ **lung** [lʌŋ] 렁 폐

③ □ **stomach** [stʌ́mək] 스터먹 위

④ □ **liver** [lívər] 리버 간

⑤ □ **intestines** [intéstin] 인테스틴즈 장(=bowels)

⑥ □ **appendix** [əpéndiks] 어펜딕스 맹장

⑦ □ **kidney** [kídni] 키드니 신장

⑧ □ **trachea** [tréikiə] 트레이키어 기관(호흡관)

관련 단어

- □ **bladder** [blǽdər] 블래더 **방광**
- □ **blood** [blʌd] 블럿 **피**
- □ **blood vessel** [blʌd vésəl] 블럿 베슬 **혈관**
- □ **spine** [spain] 스파인 **척추**
- □ **bone** [boun] 본 **뼈**
- □ **muscle** [mʌ́sl] 머슬 **근육**
- □ **joint** [dʒɔint] 조인트 **관절**
- □ **skin** [skin] 스킨 **피부**
- □ **flesh** [fleʃ] 플레쉬 **살**
- □ **neuron** [njúərɑn] 뉴런 **신경**
- □ **cell** [sel] 셀 **세포**

family 가족

- **grandfather** 할아버지
  [grǽndfɑ̀:ðər] 그랜드파더
- **grandmother** 할머니
  [grǽndmʌ̀ðər] 그랜드머더

- **father** 아버지
  [fɑ́:ðər] 파더
- **mother** 어머니
  [mʌ́ðəːr] 머더

- **uncle** 삼촌, 아저씨
  [ʌ́ŋkl] 엉클
- **aunt** 이모(고모)
  [ænt] 앤트

- **brother** 남자형제   □ **sister** 자매
  [brʌ́ðər] 브라더   [sístəːr] 시스터

- **cousin** 사촌   □ **nephew** 조카
  [kʌ́zn] 커즌   [néfjuː] 네퓨

- **son** 아들   □ **daughter** 딸
  [sʌn] 썬   [dɔ́:tər] 도터

관련 단어

- **ancestor** [ǽnsestər] 앤세스터 조상
- **relative** [rélətiv] 렐러티브 친척
- **neighborhood** [néibərhùd] 네이버훗 이웃
- **grandparents** [grǽndpɛ̀ərənt] 그랜드페어런츠 조부모
- **parents** [pɛ́ərənt] 페어런츠 부모
- **son-in-law** [sʌ́ninlɔ̀ː] 썬인로 사위
- **father-in-law** [fɑ́ːðərinlɔ̀ː] 파더인로 시아버지, 장인
- **mother-in-law** [mʌ́ðərinlɔ̀ː] 마더인로 시어머니, 장모
- **sister-in-law** [sístərinlɔ̀ː] 시스터인로 시누이, 올케
- **brother-in-law** [brʌ́ðərinlɔ̀ː] 브라더인로 시동생, 처남

★ Two women were in a pub. One says to her mate,
   A : My MIL is an angel.
   B : You're lucky. Mine is still alive.

★ 두 여자가 술집에서 대화를 나눈다.
   "우리 시어머니는 천사야."
   "넌 참 좋겠다. 우리 시어머니는 아직도 살아 계셔."

➜ mother-in-law를 짧게 MIL로 했음.
➜ A는 천사 같은 사람이라고 말한 건데 B는 그걸 비꼬아 죽은 사람이라고 농담한 것.

birth to death 출생에서 죽음까지

- **birth** 탄생
  [bə:rθ] 버쓰
- **baby** 아기
  [béibi] 베이비

- **kid** 꼬마
  [kid] 킷

- **boy** 소년
  [bɔi] 보이

- **girl** 소녀
  [gə:rl] 걸

- **youth** 청년
  [ju:θ] 유쓰

- **adult** 성인
  [ədʌ́lt] 어덜트

- **elder** 노인
  [éldər] 엘더

- **will** 유언
  [wil] 윌

- **funeral** 장례식
  [fjú:nərəl] 퓨너럴

- **grave** 무덤
  [greiv] 그레이브

관련 단어

- life [laif] 라이프 **인생, 생활**
- childhood [tʃáildhùd] 촤일드후드 **어린 시절**
- propose [prəpóuz] 프러포우즈 **청혼**
- engagement [engéidʒmənt] 인게이지먼트 **약혼**
- bride [braid] 브라이드 **신부**
- groom [gru(:)m] 그룸 **신랑**
- divorce [divɔ́ːrs] 디보스 **이혼**
- widow [wídou] 위도우 **미망인**
- widower [wídouəːr] 위도우어 **홀아비**

- grow [grou] 그로우 **성장하다**
- pass away [pæs əwéi] 패스 어웨이 **죽다**
- death [deθ] 데스 **죽음**
- cremation [kriméiʃən] 크리메이션 **화장**

Unit 04
love and marriage 연애와 결혼

□ **one sided love** 짝사랑

[wʌn sáidid lʌv] 원사이디드 러브

□ **love triangle** 삼각관계

[lʌv tráiæŋgl] 러브 추라이앵글

□ **fall in love at first sight**
첫눈에 반하다

[fɔːl in lʌv ət fəːrst sait] 폴인러브 앳퍼스트 사이트

□ **Mr. Right** 이상형의 남자

[místəːr rait] 미스터 라잇

□ **declare one's love for her**
그녀에게 사랑을 고백하다

[dikléər wʌnz lʌv fɔːr həːr] 디클레어 원스 러브 포 허

□ **keep company with**
사귀다(=go out with)

[kiːp kʌ́mpəni wið] 킵 컴퍼니 위드

□ **sweetheart** 애인
[swíːthàːrt] 스윗하트

□ **marriage** 결혼
[mǽridʒ] 매리지

□ **honeymoon** 신혼여행
[hʌ́nimùːn] 허니문

□ **be pregnant** 임신하다
[bi prégnənt] 비 프렉넌트

□ **argument** 말다툼
[áːrgjəmənt] 아규먼트

□ **just friend** 그냥 친구
[dʒʌst frend] 저스트 프렌드

Unit 04 love and marriage

관련 단어

- **the same sex** [ðə seim seks] 더세임 섹스 동성
- **the other sex** [ðə ʌ́ðər seks] 디아더 섹스 이성
- **puppy love** [pʌ́pi lʌv] 퍼피러브 첫사랑
- **ex-boyfriend** [eks bɔ́ifrènd] 엑스보이프렌드 옛날 남친
- **charm** [tʃɑːrm] 참 매력
- **invitation card** [ìnvətéiʃən kɑːrd] 인비테이션 카드 청첩장
- **newly-married couple** [njúːli mǽrid kʌ́pl] 뉼리매리드 커플 신혼부부
- **ring** [riŋ] 링 반지
- **spouse** [spauz] 스파우즈 배우자
- **child care** [tʃaild kɛər] 차일드 케어 육아
- **come to know** [kʌm tə nou] 컴투 노우 알게 되다
- **make love** [meik lʌv] 메이크러브 섹스하다
- **reject** [ridʒékt] 리젝트 차버리다(=dump)
- **be engaged to** [bi engéidʒd tuː] 비 인게이지드 투 약혼하다
- **marry** [mǽri] 매리 결혼하다
- **make peace** [meik piːs] 메익 피스 화해하다
- **play double** [plei dʌ́bl] 플레이 더블 양다리 걸치다

- ★ Love is holding hands in the street.
  Marriage is holding arguments in the street.
  사랑은 거리에서 서로 손을 잡는 것이고 결혼은 거리에서 말다툼을 하는 것.

- ★ TV has no place in love.
  Marriage is a fight for remote control.
  사랑하는 연인에겐 TV가 불필요한 존재이지만 결혼한 부부는 리모컨을 차지하려고 싸운다.

Q : 결혼에 따르는 3가지 링은 뭘까요?

A : 약혼반지(engagement ring), 결혼반지(wedding ring) 그리고 고통(suffering).

- 질문과 대답을 표현할 때는 Q와 A로 나타낸다. Q는 Question(질문, 퀘스천)을 나타내고 A는 Answer(대답, 앤서)을 뜻한다. 물음표는 question mark(퀘스천 마크)라고 한다.

→ 결혼에는 반드시 고통이 따른다는 것을 알려주는 조크. 사실, 조크라기보다는 진리라고 해야 할 듯. 3개월 즐겁고 30년 참아야 한다는 말도 있습니다.

everyday activities 일상 활동

□ **wake up** (잠에서) 깨다
[weik ʌp] 웨이컵

□ **get up** 일어나다
[get ʌp] 겟 업

□ **brush my teeth** 내 이를 닦다
[brʌʃ mai ti:θ] 브러시 마이 티스

□ **wash my face** 내 얼굴을 씻다
[waʃ mai feis] 와쉬 마이 페이스

□ **shave** 면도하다
[ʃeiv] 쉐이브

□ **get dressed** 옷 입다
[get drest] 겟 드레스트

□ **comb my hair** 내 머리를 빗다
[koum mai hɛər] 코움 마이 헤어

- **go to work** 출근하다
  [gou tə wəːrk] 고우 투 웍

- **eat lunch** 점심 먹다
  [iːt lʌntʃ] 이트 런치

- **take a shower** 샤워하다
  [teik ə ʃáuəːr] 테이커 샤워

- **go to bed** 잠자리에 들다
  [gou tə bed] 고우 투 벳

- **listen to music** 음악을 듣다
  [lísn tə mjúːzik] 리슨 투 뮤직

- **watch TV** TV를 보다
  [watʃ tíːvíː] 와치 티비

Unit 05 everyday activities ▶▶▶

관련 단어

- voice [vɔis] 보이스 목소리
- sound [saund] 사운드 소리
- hear [hiər] 히어 듣다, 들리다
- catch [kætʃ] 캐취 잡다
- listen [lísn] 리슨 듣다
- look [luk] 룩 보다, 보이다
- touch [tʌtʃ] 터취 닿다, 만지다
- taste [teist] 테이스트 맛, 맛보다

- take a nap 낮잠 자다
- play table tennis 탁구 치다
- play video games 비디오게임을 하다
- do a puzzle 퍼즐게임을 하다
- practice the piano 피아노 연습을 하다
- talk on the phone 전화통화를 하다
- use the computer 컴퓨터를 사용하다
- study 공부하다
- read a book 독서하다
- write a letter 편지를 쓰다
- jump rope 줄넘기하다
- sit on the seesaw 시소 놀이를 하다
- swing on the swing 그네를 타다
- slide down the slide 미끄럼틀을 타다
- climb a tree 나무에 오르다
- hit a ball 공을 치다
- throw a ball 공을 던지다
- catch a ball 공을 잡다
- kick a ball 공을 차다

Unit 06
physiological phenomena
생리 현상

□ **sigh** 한숨
[sai] 싸이

□ **cough** 기침
[kɔ(:)f] 코프

□ **sneeze** 재채기
[sni:z] 스니즈

□ **sweat** 땀
[swet] 스웻

□ **tear** 눈물
[tiə:r] 티어

□ **wind** 방귀
[wind] 윈드

□ **urine** 소변
[júərin] 유어린

관련 단어

- **breath** [breθ] 브리쓰 호흡
- **yawn** [jɔːn] 욘 하품(하다)
- **saliva** [səláivə] 설리버 침, 타액
- **feces** [fíːsiːz] 피시즈 대변
- **hiccup** [híkʌp] 히컵 딸꾹질
- **burp** [bəːrp] 버-프 트림
- **stretch** [stretʃ] 스트레취 기지개

A: When do you hiccup?
언제 딸꾹질이 나옵니까?

B: I hiccup when I drink too much alcohol.
술을 많이 마실 때 나옵니다.

personality 성격

□ **careful** 주의 깊은
[kéərfəl] 케어펄

□ **careless** 부주의한
[kéərlis] 케얼리스

□ **diligent** 부지런한
[dílədʒənt] 딜리전트

□ **talkative** 수다스러운
[tɔ́:kətiv] 토커티브

□ **shy** 수줍어하는
[ʃai] 샤이

□ **rude** 무례한
[ru:d] 루드

□ **patient** 인내심이 많은
[péiʃənt] 페이션트

관련 단어

- brave [breiv] 브레이브 용감한
- wise [waiz] 와이즈 지혜로운
- honest [ánist] 아니스트 정직한
- lazy [léizi] 레이지 게으른
- boring [bɔ́:riŋ] 보어링 지루한
- stupid [stjú:pid] 스투핏 어리석은
- modest [mádist] 마디스트 겸손한
- polite [pəláit] 펄라이트 예의바른
- generous [ʤénərəs] 제너러스 관대한
- delicate [délikit] 델리킷 섬세한
- credible [krédəbl] 크레더블 신용할 수 있는
- selfish [sélfiʃ] 셀피쉬 이기적인

Unit 08

looks 외모

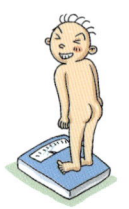
□ **weight** 몸무게
[weit] 웨잇

□ **height** 키
[hait] 하이트

□ **pretty** 예쁜
[príti] 프리티

□ **cute** 귀여운
[kju:t] 큐트

□ **hot** 섹시한
[hɑt] 핫

□ **attractive** 매력적인
[ətrǽktiv] 어트랙티브

□ **fat** 뚱뚱한
[fæt] 팻

□ **skinny** 마른
[skíni] 스키니

□ **tall** 키가 큰
[tɔ:l] 톨

□ **short** 키가 작은
[ʃɔ:rt] 숏

□ **bald** 대머리
[bɔːld] 볼드

□ **perm** 파마머리
[pəːrm] 펌

□ **bob** 단발머리
[bɑb] 밥

□ **ponytail** 뒤로 한 다발로 묶은 머리
[póunitèil] 포니테일

관련 단어

□ **poker face** [póukər feis] 포커 페이스 **무표정**
□ **sparkling eyes** [spáːrkliŋ aiz] 스파클링 아이즈 **초롱초롱한 눈**
□ **blank look** [blæŋk luk] 블랭크 룩 **멍한 표정**
□ **braid** [breid] 브레이드 **땋은 머리**

A: You look so hot today! 너 오늘 아주 끝내주는데?

B: Ah yea? Thanks. But don't get carried away!
그래? 고마워. 하지만 너무 흥분하지 마!

A: How tall are you? 키가 어떻게 되세요?

B: I'm 175cm. 175에요.

→ get carried away : 들뜨다, 흥분하다.

Unit 09

emotions 감정 (형용사)

□ **happy** 행복한
[hǽpi] 해피

□ **sad** 슬픈
[sæd] 새드

□ **upset** 화난
[ʌpsét] 업셋

□ **hot** 더운
[hɑt] 핫

□ **cold** 추운
[kould] 코울드

□ **sleepy** 졸린, 피곤한
[slíːpi] 슬리피

□ **tired** 지친
[taiərd] 타이어드

□ **exhausted** 녹초가 된
[igzɔ́ːstid] 익조스티드

□ **thirsty** 목마른
[θə́ːrsti] 써스티

□ **hungry** 배고픈
[háŋgri] 헝그리

□ **full** 배부른
[ful] 풀

□ **surprised** 놀란
[sərpráiz] 서프라이즈드

□ **ashamed** 부끄러운
[əʃéimd] 어쉐임드

관련 단어

□ **humorous** [hjúːmərəs] 휴머러스 재미있는

□ **disappointed** [dìsəpɔ́intid] 디스어포인티드 실망스러운

□ **confused** [kənfjúːzd] 컨퓨즈드 당황한, 헷갈리는

□ **lonely** [lóunli] 로운리 외로운

A: You look sleepy. Go and take a rest.
너 졸려 보이는구나. 가서 쉬어.

B: I sat up all night preparing for the examination.
시험 공부하느라 철야했어요.

Unit 10

feelings 느낌 (명사)

□ **wisdom** 지혜
[wízdəm] 위즈덤

□ **courage** 용기
[kə́:ridʒ] 커리지

□ **fear** 두려움
[fiər] 피어

□ **pleasure** 즐거움
[pléʒər] 플레저

□ **sadness** 슬픔
[sǽdnis] 새드니스

□ **suffering** 고통
[sʌ́fəriŋ] 서퍼링

□ **depression** 우울
[dipréʃən] 디프레션

□ **love** 사랑
[lʌv] 러브

□ **temptation** 유혹
[temptéiʃən] 템테이션

□ **freedom** 자유
[frí:dəm] 프리덤

□ **peace** 평화
[pi:s] 피스

관련 단어

- □ **pride** [praid] 프라이드 자존심
- □ **honesty** [ánisti] 아니스티 정직
- □ **hope** [houp] 호웁 희망
- □ **worry** [wə́:ri] 워리 걱정
- □ **hatred** [héitrid] 헤이트리드 미움
- □ **tension** [ténʃən] 텐션 긴장
- □ **regret** [rigrét] 리그렛 후회
- □ **kindness** [káindnis] 카인드니스 친절
- □ **appreciation** [əprì:ʃiéiʃən] 어프리시에이션 감사
- □ **admiration** [æ̀dməréiʃən] 애드머레이션 감탄

- □ **ideal** [aidí:əl] 아이디얼 이상
- □ **truth** [tru:θ] 트루쓰 진실

Self Test

1 다음 인체 부위의 이름을 영어 적어보세요.

a) 눈, 코, 귀, 입, 혀

b) 어깨, 팔, 손가락, 다리, 무릎

2 다음 단어의 뜻을 적어 보세요.

liver	blood	bone	muscle	cell
_____	_____	_____	_____	_____

3 다음 빈칸에 영단어를 넣으세요.

a) 나는 한 자매와 두 형제가 있다.
   I have one _____ and two _____.

b) 사위란 내 딸의 남편을 말한다.
   Son-in-law is the _____ of my _____.

c) 내가 어린 시절에 in my _____

d) 신랑과 신부 bride and _____

e) 인생은 아름다워. _____ is beautiful.

f) 탄생과 죽음 _____ and _____

g) 삼각 관계 love _____

h) 당신과 결혼하고 싶어요. I want you to _____ you.

4 다음 영어 표현을 해석하세요.

get up _____   go to bed _____

watch TV _____   listen to music _____

5 다음 그림을 영단어와 연결시키시오.

sneeze   sweat   sigh   urine   tear

6 다음 빈칸에 알맞는 영단어를 넣으세요.

a) 조심해요! Be _____!

b) 이기적인 여자 _____ woman

c) 무례하지 않고 예의바른 not _____ but _____

Self Test

7 다음을 해석하세요.

tall boy _____   cute girl _____

bald man _____

8 빈칸에 영어 단어를 넣으세요.

a) 나는 무척 목이 마릅니다. I'm very _____.

b) 슬픈 영화 _____ movie

c) 그는 재미있는 사람이다. He is a _____ man.

d) 외로운 밤 _____ night

e) my _____ 내 자존심

f) _____ is the best policy. 정직은 최선의 방책이다.

g) Thank you for your _____. 당신의 친절에 감사드립니다.

h) War and _____ 전쟁과 평화

1 a) eye nose ear mouth tongue
   b) shoulder arm finger leg knee
2 간, 피, 뼈, 근육, 세포
3 a) sister, brothers   b) husband, daughter   c) childhood   d) groom
   e) life   f) birth, death   g) triangle   h) marry
4 일어나다, 잠자리에 들다, TV를 보다, 음악을 듣다
5 한숨-sigh   재채기-sneeze   땀-sweat   눈물-tear   소변-urine
6 a) careful   b) selfish   c) rude, polite
7 키 큰 소년, 귀여운 소녀, 대머리 남성
8 a) thirsty   b) sad   c) humorous   d) lonely
   e) pride   f) Honesty   g) kindness   h) peace

Theme 2
→ home 가정

Unit 01	**house**	집
Unit 02	**outer house**	주택 외부
Unit 03	**living room**	거실
Unit 04	**kitchen**	주방
Unit 05	**bathroom**	욕실
Unit 06	**bedroom**	침실
Unit 07	**baby's room**	아기방
Unit 08	**odds and ends**	잡동사니

house 집

□ rent 집세
[rent] 렌트

□ deposit 보증금
[dipázit] 디파짓

□ lease 임대
[liːs] 리스

□ house owner 집주인
[haus óunər] 하우스 오우너

□ tenant 세입자
[ténənt] 테넌트

□ apartment 아파트
[əpáːrtmənt] 어파트먼트

□ detached house 단독주택
[ditǽtʃt haus] 디태취트 하우스

관련 단어

- residence [rézidəns] 레지던스 **주거지**
- address [ədrés] 어드레스 **주소**
- real estate [ríːəl istéit] 리얼이스테이트 **부동산**
- remodel [riːmádl] 리모델 **개축**
- mansion [mǽnʃən] 맨션 **저택**
- studio [stjúːdiòu] 스튜디오 **원룸**

- apartment building [əpáːrtmənt bíldiŋ] 아파트의 한 동
- apartment complex [əpáːrtmənt kəmpléks] 아파트 단지
- row houses [rou háuziz] **연립주택**
- five-story building [faiv-stɔ́ːri bíldiŋ] 파이브스토리 빌딩 **5층 건물**

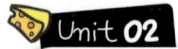

Unit 02

outer house 주택 외부

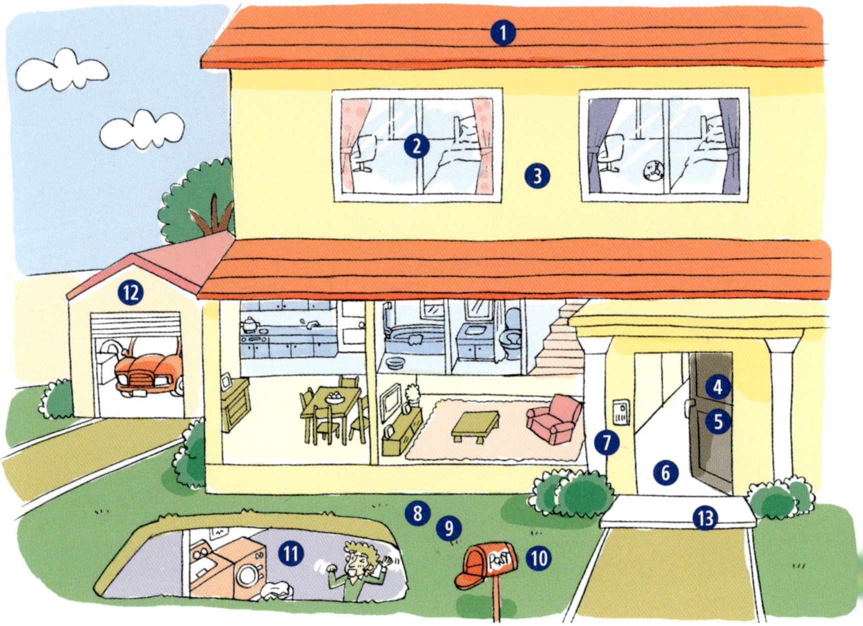

❶ □ roof [ruːf] 루프 지붕

❷ □ window [wíndou] 윈도우 창문

❸ □ wall [wɔːl] 월 벽

❹ □ gate [geit] 게이트 대문

❺ □ door [dɔː*r*] 도어 문

❻ □ front door [frʌnt dɔː*r*] 프런트 도어 현관 입구

❼ □ doorbell [dɔ́ː*r*bèl] 도어벨 초인종

❽ □ **yard** [jɑːrd] 야드 앞마당

❾ □ **lawn** [lɔːn] 론 잔디

❿ □ **mailbox** [méilbɑ̀ks] 메일박스 우편함

⓫ □ **basement** [béismənt] 베이스먼트 지하실

⓬ □ **garage** [gərάːʒ] 거라지 차고(창고)

⓭ □ **porch** [pɔːrtʃ] 포치 현관

관련 단어

□ **attic** [ǽtik] 애틱 다락

□ **name plate** [neim pleit] 네임플레이트 문패

□ **fence** [fens] 펜스 울타리, 담장

□ **garden** [gάːrdn] 가든 정원

□ **warehouse** [wέəːrhàus] 웨어하우스 창고

A: Where can I park my car?
차를 어디에 주차하죠?

B: You can park it that garage.
저 주차장을 이용하시면 되요.

Unit 03

living room 거실

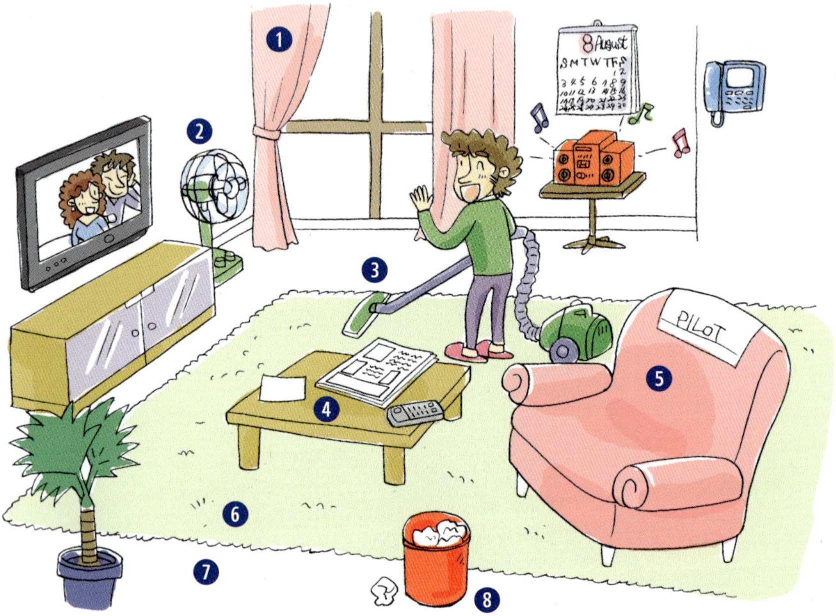

❶ □ curtain [kə́ːrtən] 커튼 커튼

❷ □ fan [fæn] 팬 선풍기

❸ □ vacuum cleaner [vǽkjuəm klíːnər] 베큠 클리너 진공청소기

❹ □ coffee table [kɔ́ːfi téibl] 커피테이블 (낮은)탁자

❺ □ armchair [áːrmtʃɛər] 암체어 안락의자

❻ □ carpet [káːrpit] 카핏 카펫

❼ □ floor [flɔːr] 플로어 마루

❽ □ bin [bin] 빈 쓰레기통

□ **tv** 텔레비전
[tíːvíː] 티비

□ **remote control** 리모컨
[rimóut kəntróul] 리모트 컨트롤

□ **picture** 사진
[píktʃər] 픽쳐

□ **clock** 벽시계
[klɑk] 클락

관련 단어

□ **ceiling** [síːliŋ] 씰링 **천장**

□ **pillar** [pílər] 필러 **기둥**

□ **chandelier** [ʃæ̀ndəlíər] 섄덜리어 **샹들리에**

□ **couch** [kautʃ] 코치 **소파**(=sofa)

□ **bookcase** [búkkèis] 북케이스 **책장**

□ **painting** [péintiŋ] 페인팅 **그림**

□ **rug** [rʌg] 럭 **깔개**

□ **peephole** [píːphòul] 핍호울 **문구멍** (방문자 확인용)

Dialogue

A: What a mess! Will you vacuum the floor? I'll clean the windows.
엉망이구먄! 네가 바닥을 청소기로 밀래? 나는 창문을 닦을게.

B: I'll empty the trash can first, then I'll do it.
내가 쓰레기통을 비우고 나서 그걸 할게.

kitchen 주방

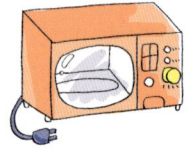
□ **microwave** 전자레인지
[máikrouwèiv] 마이크로웨이브

□ **toaster** 토스터기
[tóustə:r] 토스터

□ **rice cooker** 전기밥솥
[rais kúkər] 라이스 쿠커

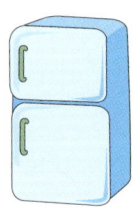
□ **refrigerator** 냉장고
[rifrídʒərèitə:r] 리프리저레이터

□ **sink** 싱크대
[siŋk] 싱크

□ **cupboard** 찬장
[kʌ́bərd] 커버드

□ **frying pan** 프라이팬
[fràiiŋ pæn] 프라잉팬

□ **pot** 냄비
[pɑt] 팟

□ **kettle** 주전자
[kétl] 케틀

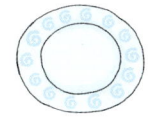

□ **bowl** 그릇
[boul] 보울

□ **dish** 접시
[diʃ] 디쉬

□ **cup** 컵
[kʌp] 컵

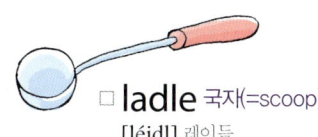

□ **knife** 칼
[naif] 나이프

□ **cutting board** 도마
[kʌ́tiŋ bɔːrd] 커팅보드

□ **ladle** 국자(=scoop)
[léidl] 레이들

관련 단어

□ **spoon** [spuːn] 스푼 숟가락

□ **fork** [fɔːrk] 포크 포크

□ **chopsticks** [tʃɑ́pstìks] 찹스틱스 젓가락

□ **oven** [ʌ́vən] 어븐 오븐

□ **blender** [bléndər] 블렌더 믹서기

□ **lid** [lid] 리드 뚜껑

□ **pan** [pæn] 팬 작은 냄비

□ **jar** [dʒɑːr] 자 항아리

□ **dishcloth** [díʃklɔ(ː)θ] 디쉬클로스 행주

Dialogue

A: Can I get some water? 물 좀 마시고 싶은데.

B: Refrigerator is right there. Everything is inside, just help yourself. 냉장고가 저쪽에 있어. 안에 다 있으니까 마음대로 들어.

bathroom 욕실

❶ ☐ **towel** [táuəl] 타월 수건

❷ ☐ **mirror** [mírər] 미러 거울

❸ ☐ **hair dryer** [héər dràiər] 헤어드라이어 헤어드라이어

❹ ☐ **toothbrush** [túːθbrʌʃ] 투스브러시 칫솔

❺ ☐ **toothpaste** [túːθpèist] 투스페이스트 치약

❻ ☐ **shampoo** [ʃæmpúː] 샴푸 샴푸

❼ ☐ **soap** [soup] 소프 비누

❽ ☐ **toilet paper** [tɔ́ilit pèipər] 토일릿 페이퍼 화장지

❾ ☐ **toilet seat** [tɔ́ilit sìːt] 토일릿 시트 좌변기

❿ □ **bathtub** [bǽθtÀb] 배쓰텁 욕조
⓫ □ **basin** [béisən] 베이슨 세면대
⓬ □ **washing machine** [wɑ́ʃiŋ məʃíːn] 와싱머신 세탁기

관련 단어

□ **plug** [plʌg] 플러 (배수)마개
□ **drain** [drein] 드레인 배수구
□ **shower head** [ʃáuəːr hed] 샤워헤드 샤워기 머리
□ **hot tap** [hɑt tæp] 핫탭 온수꼭지
□ **cold tap** [kould tæp] 콜드탭 냉수꼭지
□ **toilet** [tɔ́ilit] 토일럿 변기
□ **clothespin** [klóuðz pìn] 클로우즈핀 빨래집게
□ **detergent** [ditə́ːrdʒənt] 디터전트 세제

bedroom 침실

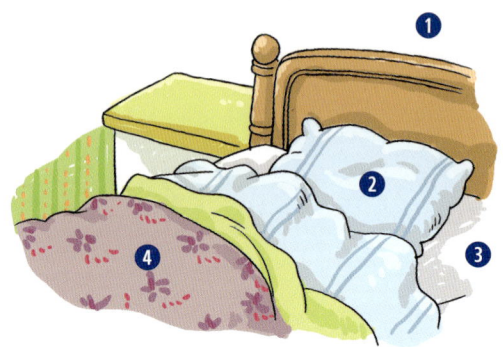

① ☐ **bed** [bed] 베드 침대
② ☐ **pillow** [pílou] 필로우 베개
③ ☐ **sheet** [ʃiːt] 쉬트 침대보
④ ☐ **blanket** [blǽŋkit] 블랭킷 담요(이불)

☐ **lamp** 램프
[læmp] 램프

☐ **lampshade** 램프갓
[lǽmpʃèid] 램프쉐이드

⑤ ☐ **desk** [desk] 데스크 책상
⑥ ☐ **chair** [tʃɛər] 체어 의자
⑦ ☐ **drawer** [drɔ́ːər] 드로어 서랍

관련 단어

- alarm clock [əláːrm klὰk] 얼람클락 알람시계
- humidifier [hjuːmídəfàiər] 휴미디파이어 가습기
- closet [klάzit] 클라짓 옷장
- dressing table [drésiŋ tèibl] 드레싱테이블 화장대
- single bed [síŋgl bed] 싱글베드 1인용침대
- double bed [dΛbl bed] 더블베드 2인용침대
- bunk bed [bΛŋk bèd] 벙크 베드 2층침대

- sleep [sliːp] 슬립 잠자다
- have a sound sleep 푹 자다, 숙면을 취하다
- stretch oneself 기지개를 켜다

Dialogue

A: Your room is so dirty! 방이 엄청 더럽잖아!
B: I know, but I don't have much time to keep it clean.
알고 있어. 근데 치울 시간이 없네.
A: Well, I'll help you clean up your room. 그럼, 내가 도와줄게.
B: Thanks. 고마워.

→ clean up : 치우다

baby's room 아기방

□ **swing** 그네
[swiŋ] 스윙

□ **walker** 보행기
[wɔ́:kəːr] 워커

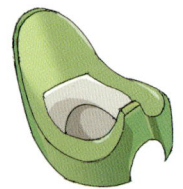

□ **potty** 유아용 변기
[páti] 파티

□ **rattle** 딸랑이
[rǽtl] 래틀

□ **stuffed animal** 동물인형(헝겊) (=soft toy)
[stʌ́ft ǽnəməl] 스텁드 애니멀

□ **toy** 장난감
[tɔ́i] 토이

관련 단어

- □ **crib** [krib] 크립 어린이 침대
- □ **crib bumper** [krib bʌ́mpər] 크립 범퍼 침대 완충대
- □ **mobile** [móubail / móubi(ː)l] 모바일 모빌
- □ **cradle** [kréidl] 크래이들 요람
- □ **stroller** [stróulər] 스트롤러 유모차
- □ **chest** [tʃest] 체스트 장롱
- □ **changing table** [tʃéindʒiŋ téibl] 체인징 테이블 기저귀 교환대
- □ **stretch suit** [stretʃ suːt] 스트레치 수트 멜빵바지
- □ **toy chest** [tɔ́i tʃest] 토이 체스트 장난감 상자
- □ **baby seat** [béibi siːt] 베이비 시트 유아 의자
- □ **baby carrier** [béibi kǽriər] 베이비 캐리어 베이비 캐리어
- □ **doll** [dɑl] 달 인형
- □ **bottle** [bɑ́tl] 바틀 젖병, 병

odds and ends 잡동사니

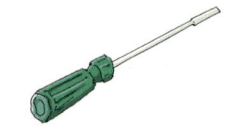

□ **screw driver** 드라이버
[skruː dráivər] 스크루드라이버

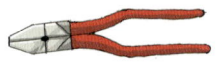

□ **bull-nose pliers** 펜치
[bulnouz pláiərz] 불노우즈 플라이어스

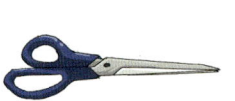

□ **scissors** 가위
[sízəːrz] 씨저스

□ **saw** 톱
[sɔː] 쏘

□ **chainsaw** 전기톱
[tʃéin sɔː] 체인쏘

□ **hatchet** 도끼 (=ax)
[hǽtʃit] 해칫

□ **hammer** 망치
[hǽmər] 해머

□ **nail** 못
[neil] 네일

□ **shovel** 삽
[ʃʌ́vəl] 서블

□ **ladder** 사다리
[lǽdəːr] 래더

□ **broom** 빗자루
[bru(:)m] 브룸

□ **dustpan** 쓰레받기
[dʌ́stpæ̀n] 더스트팬

관련 단어

□ **phillips screw driver** [fílips skru: dráivər] 필립스스크루드라이버 십자드라이버

□ **file** [fail] 파일 줄

□ **wire** [waiəːr] 와이어 철사

□ **pickaxe** [píkæks] 픽엑스 곡괭이

□ **plastic bag** [pl准stik bæg] 플라스틱백 비닐봉지

□ **glue** [gluː] 글루 본드, 접착제

□ **polystyrene foam** [pùlistáiəriːn foum] 팔리스타이얼린 포움 스칠로폼

□ **outlet** [áutlet] 아웃릿 전기콘센트(=socket)

□ **tape measure** [teip méʒəːr] 테입메저 줄자

□ **thread** [θred] 스레드 실

□ **needle** [níːdl] 니들 바늘

□ **dustcloth** [dʌ́stklɔ̀(ː)θ] 더스트클로스 걸레

□ **bucket** [bʌ́kit] 버킷 양동이

□ **garbage** [gáːrbidʒ] 가비지 쓰레기

Self Test

1 다음 빈칸에는 영단어를 쓰고 영단어는 해석을 하세요.

a) 나는 아파트에 삽니다. I live in an _____.
b) 단독주택 _____ house
c) rent _____   house owner _____   tenant _____

2 다음 단어를 영어 혹은 우리말로 고치세요.

a) 지붕 _____   앞마당 _____   다락 _____
   정원 _____   잔디 _____

b) ceiling _____   armchair _____   floor _____
   fan _____   painting _____

c) mirror _____   soap _____   bathtub _____
   toothpaste _____   towel _____

d) 침대 _____   베개 _____   옷장 _____
   서랍 _____   화장대 _____

3 다음 그림을 영단어와 연결시키세요.

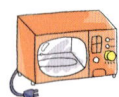         

kettle   bowl   ladle   cupboard   microwave

4 다음 보기에서 단어를 골라 빈칸에 넣으세요.

a) nail   saw   screw   swing   toy
b) bottle cradle doll   hammer   hatchet   ladder

a) 그네 _____   요람 _____   장난감 _____
   젖병 _____   인형 _____

b) 톱 _____   망치 _____   못 _____
   나사 _____   사다리 _____   도끼 _____

1 a) apartment b) detached   c) 집세, 집주인, 세입자
2 a) roof – yard – attic – garden – lawn
   b) 지붕 – 안락의자 – 마루 – 선풍기 – 그림(작품)
   c) 거울 – 비누 – 욕조 – 치약 – 수건
   d) bed – pillow – closet – drawer – dressing table
3 전자레인지-microwave 주전자-kettle 국자-ladle 그릇-bowl 찬장-cupboard
4 a) swing – cradle – toy – bottle – doll
   b) saw – hammer – nail – screw – ladder – hatchet

THEMATIC ENGLISH WORDS

Theme 3
→ numbers 수

Unit 01 cardinal number 기수 (基數)
Unit 02 ordinal number 서수 (序數)
Unit 03 calculation 계산
Unit 04 shape 모양
Unit 05 calender 달력
Unit 06 time 시간

cardinal number 기수(基數)

☐ 0 **zero** [zíərou] 지어로우

☐ 1 **one** [wʌn] 원
☐ 2 **two** [tu:] 투
☐ 3 **three** [θri:] 쓰리

☐ 4 **four** [fɔ:r] 포

☐ 5 **five** [faiv] 파이브

☐ 6 **six** [siks] 식스

☐ 7 **seven** [sévən] 쎄븐

☐ 8 **eight** [eit] 에잇

☐ 9 **nine** [nain] 나인

☐ 10 **ten** [ten] 텐

- ☐ 11 **eleven** [ilévən] 일레븐
- ☐ 12 **twelve** [twelv] 트웰브
- ☐ 13 **thirteen** [θə́ːrtíːn] 써틴
- ☐ 14 **fourteen** [fɔ́ːrtíːn] 포틴
- ☐ 15 **fifteen** [fiftíːn] 피프틴
- ☐ 16 **sixteen** [síkstíːn] 씩스틴
- ☐ 17 **seventeen** [sévəntíːn] 쎄븐틴
- ☐ 18 **eighteen** [éitíːn] 에이틴
- ☐ 19 **nineteen** [náintíːn] 나인틴
- ☐ 20 **twenty** [twénti] 트웬티

- ☐ 21 **twenty-one** [twénti wʌn] 트웬티 원
- ☐ 30 **thirty** [θə́ːrti] 써티
- ☐ 40 **forty** [fɔ́ːrti] 포티
- ☐ 50 **fifty** [fífti] 피프티
- ☐ 60 **sixty** [síksti] 식스티
- ☐ 70 **seventy** [sévənti] 세븐티
- ☐ 80 **eighty** [éiti] 에이티
- ☐ 90 **ninety** [náinti] 나인티
- ☐ 100 **one hundred** [wʌn hʌ́ndrəd] 원 헌드러드

Unit 01 numbers ▶▶▶

- 1,000 **one thousand** [θáuzənd] 원 싸우전드
- 10,000 **ten thousand** 텐 싸우전드 1만
- 100,000 **one hundred thousand** 원 헌드러드 싸우전드 10만
- 1,000,000 **one million** [míljən] 원 밀리언 백만
- 10,000,000 **ten million** 텐 밀리언 천만
- 100,000,000 **one hundred million** 원 헌드러드 밀리언 1억

우선 10까지, 다음은 20까지 명칭을 외웁시다. 다음은 십단위로 외우면 됩니다. 21~99는 외우지 않아도 됩니다. 십 단위에 일 단위를 붙이면 되니까요.

예 **24** : twenty-four **56** : fifty-six
99 : ninety-nine **101** : one hundred (and) one

다음으로 우리말에선 백, 천, 만이라고 하면 100, 1,000, 10,000이 되지만 영어에선 꼭 one hundred(1백), one thousand(1천)이라고 one을 붙입니다. 그리고 천단위 숫자는 2자리씩 나눠서 읽습니다.

예 **160** : one-sixty = one hundred and sixty
1160 : eleven sixty = one thousand, one hundred and sixty

또 백(百), 천(千), 만(萬), 억(億), 조(兆)에서 단위 명칭이 달라지는 것은 중국, 일본, 한국이 공통이지만 영어에서는 백(hundred), 천(thousand), 백만(million), 십억(billion)으로 단위 명칭이 달라집니다.

관련 단어

- **odd number** [ɔd nʌ́mbəːr] 오드 넘버 **홀수**
- **even number** [íːvən nʌ́mbəːr] 이븐 넘버 **짝수**
- **count** [kaunt] 카운트 **세다, 계산하다**
- **double** [dʌ́bəl] 더블 **두배로 하다**
- **add** [æd] 애드 **더하다**
- **deduct** [didʌ́kt] 디덕트 **빼다**
- **multiply** [mʌ́ltəplài] 멀티플라이 **곱하다**
- **divide** [diváid] 디바이드 **나누다**

Dialogue

A : Can you give me your phone number?
네 전화번호 좀 가르쳐 줄래?

B : Sure. It's 010-123-4567. (O one O one two three- four five six seven)
그러지. 010-123-4567이야.

→ 전화번호나 호텔방 호수의 숫자를 읽을 때는 zero 보다 O[ou]로 많이 쓰인다. 보통 one hundred seventy six 라고 배우지만 실제로 말할 땐 hundred를 생략한다.

ordinal number 서수(序數)

날짜를 읽을 때는 서수로 읽습니다. 앞에서 배운 숫자(one, two, three …)는 기수라고 하며 여기에서 배우는 서수라는 것은 순서를 나타내는 숫자표현입니다. 예를 들면 '첫 번째, 두 번째, 제 5차' 등입니다.

- □ **first** [fə:rst] 퍼스트* 첫 번째(1st)
- □ **second** [sékənd] 세컨드* 두 번째(2nd)
- □ **third** [θə:rd] 써드* 세 번째(3rd)
- □ **fourth** [fɔ:rθ] 포쓰 네 번째(4th)
- □ **fifth** [fifθ] 피프쓰* 다섯 번째(5th)

  - □ **sixth** [siksθ] 식스쓰 여섯 번째(6th)
  - □ **seventh** [sévənθ] 세븐쓰 일곱 번째(7th)
  - □ **eighth** [eitθ] 에잇쓰* 여덟 번째(8th)
  - □ **ninth** [nainθ] 나인쓰* 아홉 번째(9th)
  - □ **tenth** [tenθ] 텐쓰 열 번째(10th)

- □ **eleventh** [ilévənθ] 일레븐쓰 열한 번째(11th)
- □ **twelfth** [twelfθ] 트웰프쓰* 열두 번째(12th)
- □ **thirteenth** [θə:rtí:nθ] 써틴쓰 열세 번째(13th)
- □ **fourteenth** [fɔ́:rtí:nθ] 포틴쓰 열네 번째(14th)
- □ **fifteenth** [fiftí:nθ] 피프틴쓰 열다섯 번째(15th)

- **sixteenth** [síkstí:nθ] 씩스틴쓰 열여섯 번째(16th)
- **seventeenth** [sévəntí:nθ] 쎄븐틴쓰 열일곱 번째(17th)
- **eighteenth** [éití:nθ] 에이틴쓰 열여덟 번째(18th)
- **nineteenth** [náintí:nθ] 나인틴쓰 열아홉 번째(19th)
- **twentieth** [twéntiiθ] 트웬티쓰* 스무 번째(20th)
- **twenty-first** [twénti fə:rst] 트웬티퍼스트* 스물한 번째(21st)

* 표시에 주의할 것.

야구 경기를 조금이라도 보신 분이라면 first, second, third는 들어보셨을 겁니다. 1루는 first base(퍼스트 베이스), 2루는 second base(세컨드 베이스), 3루는 third base(써드 베이스), 1루수는 first base man이라고 하죠. 또 우리나라에서도 속어로 '숨겨놓은 여자'를 세컨드(둘째, 부인이 첫째라면 애인은 둘째가 되겠죠)라고 하죠. 그리고 대통령의 부인을 'first lady(퍼스트 레이디)'라고 합니다. 첫인상은 first impression(퍼스트 임프레션)이라고 합니다.

예 All of the family gathered to celebrate his tenth birthday party.
그의 10번째 생일을 축하하기 위해 온가족이 모였다.

A: Is this your first visit to Korea?
한국은 이번이 처음이세요?

B: No, this is my second visit, actually.
아뇨, 실은 이번이 두 번째 방문이에요.

calculation 계산

□ **length** 세로, 길이
[leŋkθ] 렝쓰

□ **width** 가로, 폭
[widθ] 윗쓰

□ **distance** 거리
[dístəns] 디스턴스

□ **area** 넓이(면적)
[ɛ́əriə] 에어리어

□ **height** 높이
[hait] 하이트

□ **depth** 깊이
[depθ] 뎁쓰

□ **weight** 무게
[weit] 웨이트

□ **volume** 부피
[válju:m / vɔ́lju:m] 볼륨

□ **size** 크기
[saiz] 사이즈

□ **thickness** 두께
[θíknis] 씩니스

□ **speed** 속도
[spi:d] 스피드

관련 단어

- **meter** [míːtər] 미터 미터
- **square meter** [skwɛəːr míːtər] 스퀘어미터 평방미터
- **gram** [græm] 그램 그램
- **ton** [tʌn] 턴 톤
- **liter** [líːtər] 리터 리터
- **mile** [mail] 마일 마일 (1mile = 1.6km)
- **milli-** [mílə-] 밀리 밀리 (1/1,000)
- **centi-** [séntə-] 센티 센티 (1/100)
- **kilo-** [kí(ː)lou-] 킬로 킬로 (X1,000)

- **addition** [ədíʃən] 애디션 덧셈
- **subtraction** [səbtrǽkʃən] 섭트랙션 뺄셈
- **multiplication** [mʌ̀ltəplikéiʃən] 멀티플리케이션 곱셈
- **division** [divíʒən] 디비전 나눗셈
- **fraction** [frǽkʃən] 프랙션 분수
- **average** [ǽvəridʒ] 애버리지 평균

예) Five plus nine equals fourteen. 5 더하기 9는 14
Ten divided by two equals five. 10 나누기 2는 5

shape 모양

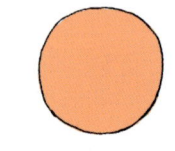

□ **circle** 동그라미
[sə́ːrkl] 써클

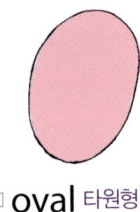

□ **oval** 타원형
[óuvəl] 오우벌

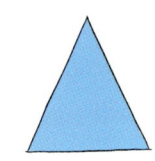

□ **triangle** 삼각형
[tráiæŋgl] 트라이앵글

□ **square** 정사각형
[skwɛəːr] 스퀘어

□ **rectangle** 직사각형
[réktæŋgl] 렉탱글

□ **rhombus** 마름모(=diamond)
[rámbəs] 람버스

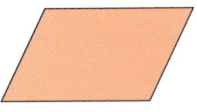

□ **parallelogram** 평행사변형
[pæ̀rəléləgræ̀m] 패럴렐러그램

□ **pentagon** 5각형
[péntəgàn] 펜타곤

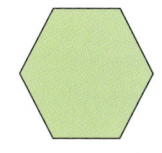
□ **hexagon** 6각형
[héksəgàn] 헥사곤

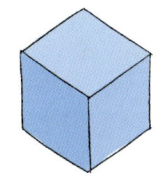
□ **cube** 정육면체
[kju:b] 큐브

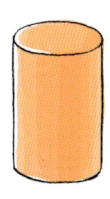
□ **cylinder** 원기둥
[sílindər] 실린더

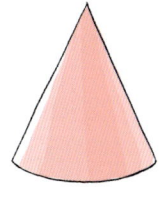
□ **cone** 원추형
[koun] 콘

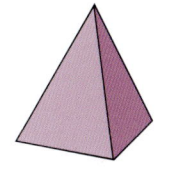
□ **pyramid** 각뿔
[pírəmìd] 피라미드

□ **sphere** 구
[sfiə:r] 스피어

Unit 05

calender 달력

season 계절

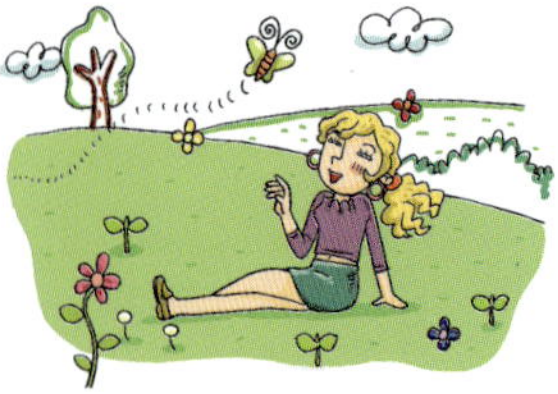

□ **spring** 봄
[spriŋ] 스프링

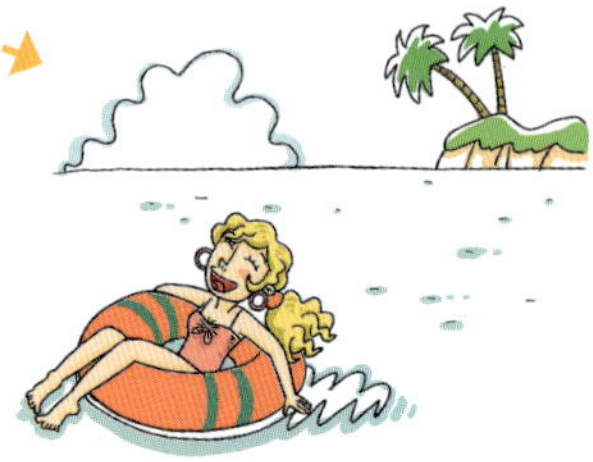

□ **summer** 여름
[sʌ́mər] 서머

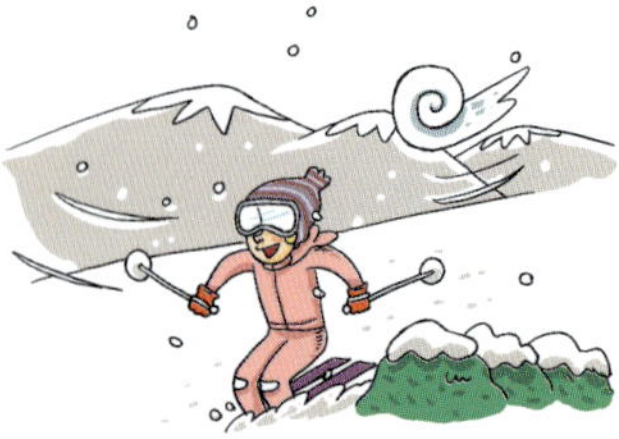

□ **winter** 겨울
[wíntəːr] 윈터

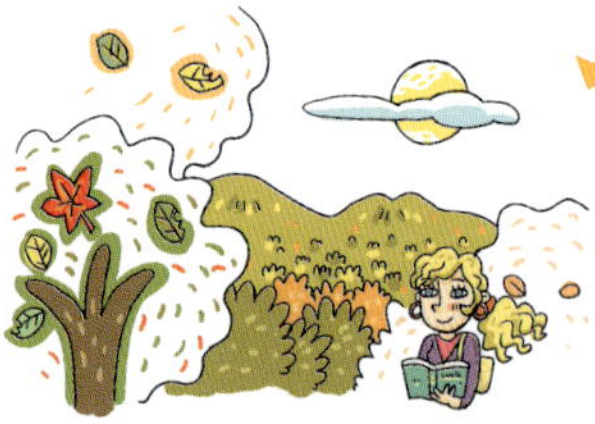

□ **autumn (fall)** 가을
[ɔ́ːtəm (fɔːl)] 오텀(펄)

- January [dʒǽnjuèri] 재뉴어리 1월
- February [fébruèri] 페브루어리 2월
- March [mɑːrtʃ] 마취 3월
- April [éiprəl] 에이프릴 4월
- May [mei] 메이 5월
- June [dʒuːn] 준 6월
- July [dʒuːlái] 줄라이 7월
- August [ɔ́ːɡəst] 어거스트 8월
- September [səptémbər] 셉템버 9월
- October [ɑktóubər] 악토버 10월
- November [nouvémbəːr] 노벰버 11월
- December [disémbər] 디셈버 12월

month 월

Dialogue

A: What is your favorite season?
무슨 계절을 좋아하세요?

B: I like autumn. 가을을 좋아합니다.

A: Yea? I like it too. 그래요? 저도 그래요.

Unit 05 calender ▶▶▶

special day 특별한 날

☐ **birthday** 생일
[bə́ːrθdèi] 버스데이

☐ **Lunar New Year's Day** 설날

☐ **Korean Thanksgiving Day** 추석

☐ **Christmas Day** 성탄절

☐ **Valentine's Day** 발렌타인데이

관련 단어

- the 60th birthday 환갑
- anniversary 기념일
- New Year's Day 신정
- Children's Day 어린이날
- Parent's Day 어버이날
- Independence Day 광복절

Day 날, 요일

- **Sunday** [sándei] 썬데이 일요일
- **Monday** [mándei] 먼데이 월요일
- **Tuesday** [tjúːzdei] 튜즈데이 화요일
- **Wednesday** [wénzdèi] 웬즈데이 수요일
- **Thursday** [θə́ːrzdei] 쎠즈데이 목요일
- **Friday** [fráidei] 프라이데이 금요일
- **Saturday** [sǽtəːrdèi] 새터데이 토요일

time 시간

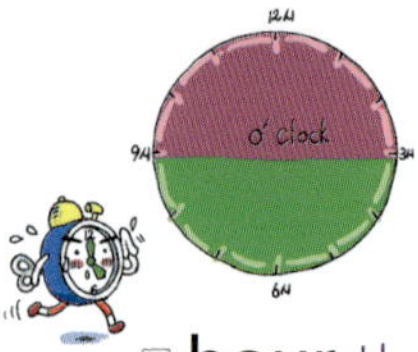

□ **hour** 시
[áuər] 아워

□ **minute** 분
[mínit] 미닛

□ **second** 초
[sékənd] 세컨드

□ **dawn** 새벽
[dɔːn] 돈

□ **morning** 아침
[mɔ́ːrniŋ] 모닝

□ **noon** 정오
[nuːn] 눈

□ **midnight** 한밤중
[mídnàit] 밋나잇

□ **daytime** 낮
[deítàim] 데이타임

□ **night** 밤
[nait] 나잇

□ **evening** 저녁
[íːvniŋ] 이브닝

□ **afternoon** 오후
[æftərnúːn] 앱터눈

□ **the day before yesterday** 그저께
[ðə dei bifɔ́ːr jéstəːrdèi] 더 데이 비포 예스터데이

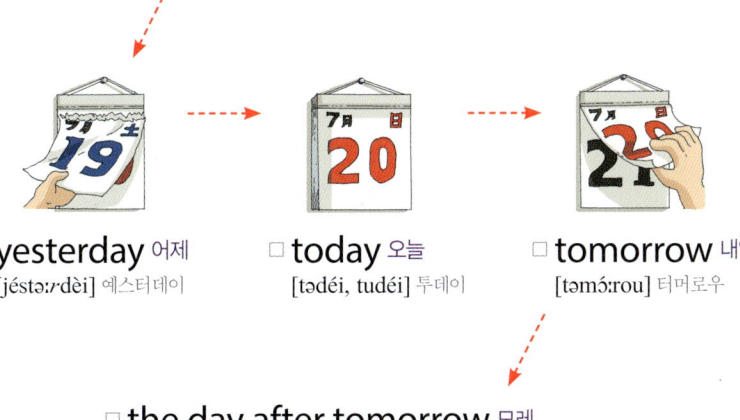

□ **yesterday** 어제
[jéstəːrdèi] 예스터데이

□ **today** 오늘
[tədéi, tudéi] 투데이

□ **tomorrow** 내일
[təmɔ́ːrou] 터머로우

□ **the day after tomorrow** 모레
[ðə dei ǽftər təmɔ́ːrou] 더 데이 애프터 터머로우

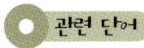
관련 단어

□ **date** [deit] 데이트 날짜

□ **weekday** [wíːkdèi] 위크데이 평일

□ **weekend** [wíːkènd] 위켄드 주말

□ **century** [séntʃuri] 센추리 세기

□ **decade** [dékeid] 디케이드 10년

□ **past** [pæst] 패스트 과거

□ **present** [prézənt] 프레즌트 현재

□ **future** [fjúːtʃəːr] 퓨처 미래

Unit 06 time ▶▶▶

- early [ə́:rli] 얼리 이른
- late [leit] 레이트 늦은
- later [léitəːr] 레이터 나중에
- soon [suːn] 순 곧, 금방
- sometimes [sʌ́mtàimz] 섬타임즈 때때로
- last [læst] 래스트 지난, 마지막의
- forever [fərévəːr] 퍼에버 영원히
- moment [móumənt] 모우먼트 순간
- now [nau] 나우 지금

- fast [fæst] 패스트 빠르다
- slow [slou] 슬로우 느리다

- this week [ðis wiːk] 디스 위크 이번 주
- last week [læst wiːk] 라스트 위크 지난 주
- next week [nekst wiːk] 넥스트 위크 다음 주

- daily [déili] 데일리 매일의
- weekly [wíːkli] 위클리 매주의
- monthly [mʌ́nθli] 먼쓸리 매월의
- annual [ǽnjuəl] 애뉴얼 매년의

 o'clock 시

- 2:10 **two ten** 2시 10분
- 6:05 **six O five** 6시 5분
- 3:15 **three fifteen / a quarter after three** 3시 15분
- 5:45 **five forty-five / a quarter to six** 5시 45분
- 7:30 **seven thirty / a half past seven** 7시 반

- **4 a.m.** 오전 4시
[fɔːr éiém] 포 에이엠

- **6 p.m.** 오후 6시
[siks píːém] 씩스 피엠

* quarter는 1/4 이라는 뜻 그래서 시계를 4등분하면 15분이 됨

 Dialogue

A: **Come to hang out with me Saturday night.**
토요일 밤에 나랑 같이 놀러가요.

B: **Really? It will be great!** 정말요? 재미있겠네요!

A: **When do I pick you up?** 언제 데리러 갈까요?

B: **Pick me up around six.** 6시쯤 데리러 와주세요.

→ hang out with sb(somebody의 약자): ~와 놀다
→ pick sb up : ~를 데리러 오다. (pick st up : st을 줍다)

Self Test

1 다음 숫자를 영어로 적어보세요.

a) 14 _____   b) 67 _____

c) 134 _____   d) 2233 _____

2 다음 단어의 뜻을 우리말로 적어 보세요.

area _____   weight _____

distance _____   height _____

3 다음 그림을 영단어와 연결시키세요.

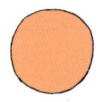     

triangle   circle   square   cylinder   pentagon

4 영어로 빈칸 채우기

a) Winter is from _____ to _____ . 겨울은 12월부터 2월까지이다.

b) 수요일 _____   토요일 _____

c) _____(어제) — **today**(오늘) — _____(내일)

d) **morning**(아침) — **noon**(정오) — _____(오후) — _____(저녁) — **night**(밤)

e) _____(지금) _____(나중에) _____(영원히) _____(매일의)

5 시계 읽는 법

a) 2:15 _____   b) 2시 8분 전 _____

c) 8시 정각 _____   d) 9시 반 _____

1. a) fourteen   b) sixty seven   c) one hundred thirty-four
   d) two thousand, two hundred and thirty three 또는 twenty-two thirty-three
2. 면적, 무게, 거리, 높이
3. 동그라미-circle   삼각형-triangle   정사각형-square   5각형-pentagon
   원기둥-cylinder
4. a) December, February   b) Wednesday, Saturday   c) yesterday, tomorrow
   d) afternoon, evening   e) now, later, forever, daily
5. a) two fifteen / a quarter past two   b) eight to two
   c) eight o'clock   d) nine thirty / half after nine

THEMATIC ENGLISH WORDS

Theme 4

→ city 도시

Unit 01	downtown 시내	Unit 08	restaurant 레스토랑
Unit 02	post office 우체국	Unit 09	bar 술집
Unit 03	hospital 병원	Unit 10	hotel 호텔
Unit 04	pharmacy 약국	Unit 11	school 학교
Unit 05	illness 질병	Unit 12	subject 과목
Unit 06	bank 은행	Unit 13	police station 경찰서
Unit 07	fast food 패스트푸드	Unit 14	religion 종교

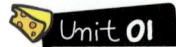

downtown 시내

□ **apartment building**
아파트 단지의 한 동
[əpáːrtmənt bíldiŋ] 어파트먼트 빌딩

□ **police station** 경찰서
[pəlíːs stèiʃən] 펄리스 스테이션

□ **school** 학교
[skuːl] 스쿨

□ **library** 도서관
[láibrèri] 라이브러리

□ **cinema** 영화관
[sínəmə] 씨너머

□ **signboard** 간판
[sáinbɔ̀ːrd] 싸인보드

□ **department store** 백화점
[dipáːrtmənt stɔːr] 디파트먼트 스토어

□ **shop** 가게
[ʃɑp] 샵

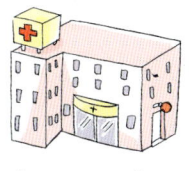
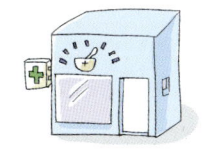

- **hospital** 병원
  [háspitl] 하스피틀

- **pharmacy** 약국
  [fá:ɾməsi] 파머시

- **post office** 우체국
  [poust ɔ́(:)fis] 포우스트 오피스

관련 단어

- **bridge** [bridʒ] 브리지 육교
- **building** [bíldiŋ] 빌딩 빌딩
- **museum** [mju:zí:əm] 뮤지엄 박물관, 기념관
- **factory** [fǽktəri] 팩터리 공장
- **busy streets** [bízi stri:t] 비지스트릿츠 번화가
- **underground shopping center**
  [ʌ́ndərgràund ʃápiŋ séntər] 언더그라운드 샤핑 센터 지하상가
- **bookstore** [búkstɔ̀:r] 북스토어 서점
- **electrical appliances shopping area**
  [iléktrikəl əpláiəns ʃápiŋ ɛ́əriə] 일렉트리컬 어플라이언시즈 샤핑 에어리어 전자상가
- **high rise** [hai raiz] 하이 라이즈 고층건물
- **art museum(gallery)** [á:rt mju:zí:əm] 아트 뮤지엄 미술관
- **street tree** [strí:t tri:] 스트릿 트리 가로수
- **placard** [plǽkɑ:rd] 플래카드 플래카드

post office 우체국

□ **postal clerk** 우체국 직원
[póustəl klə:rk] 포스털 클러

□ **mail carrier** 집배원
[méil kæriər] 메일캐리어

□ **letter** 편지
[létə:r] 레터

□ **envelope** 봉투
[énvəlòup] 엔벌롭

□ **stamp** 우표
[stæmp] 스탬프

□ **zip code** 우편번호
[zíp kòud] 집코드

□ **mailbox** 우체통
[méilbùks] 메일박스

□ **fragile** 취급주의
[frǽdʒəl] 프래절

관련 단어

- **window** [wíndou] 윈도우 창구
- **scale** [skeil] 스케일 저울
- **home-delivery** [houm dilívəri] 홈 딜리버리 택배
- **package** [pǽkidʒ] 패키지 소포(=parcel)
- **postmark** [póustmàːrk] 포우스트 마크 소인
- **registered mail** [rédʒəstəːrd mèil] 레저스터드 메일 등기
- **express mail** [iksprés mèil] 익스프레스 메일 속달
- **junk mail** [dʒʌ́ŋk mèil] 정크메일 광고성 우편

Dialogue

A : How far is it from here to post office?
우체국이 여기서 멀리 있나요?

B : It's very close. You can walk to there.
아주 가까이에 있어요. 여기서 걸어갈 수 있어요.

A : How long does it take?
오래 걸리나요?

B : It takes about 2 minutes.
대략 2분 정도 입니다.

hospital 병원

□ **surgery** 외과
[sə́ːrdʒəri] 서저리

□ **dermatology** 피부과
[də̀ːrmətálədʒi] 더머탈러지

□ **pediatrics** 소아과
[pèdiǽtriks] 페디애트릭스

□ **ENT**(ear, nose, and throat) 이비인후과
이앤티

□ **doctor** 의사
[dáktər] 닥터

□ **obstetrics and gynecology** 산부인과
[əbstétriks ənd gàinikálədʒi] 압스터트릭스 앤 가이니칼러지

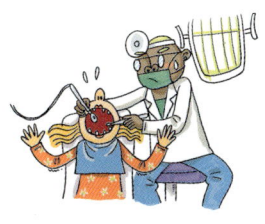

□ **dentist** 치과의사
[déntist] 덴티스트

□ **psychiatrist** 정신과의사
[saikáiətrist] 사이카이어트리스트

□ **nurse** 간호사
[nəːrs] 너스

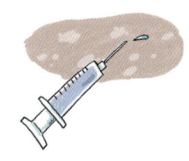

□ **injection shot** 주사
[indʒékʃən ʃɑt] 인젝션 샷

□ **thermometer** 체온계
[θəːrmɑ́mitəːr] 서머미터

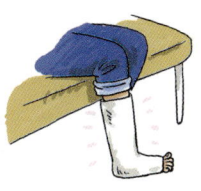

□ **cast** 깁스
[kæst] 캐스트

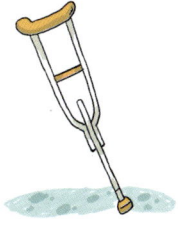

□ **crutches** 목발
[krʌtʃz] 크러취즈

Unit 03 hospital ▶▶▶

관련 단어

- internal department [intə́:rnl dipá:rtmənt] 인터늘 디파트먼트 **내과**
- plastic surgery [plǽstik sə́:rdʒəri] 플래스틱 서저리 **성형외과**
- urology [juəráládʒi] 유어랄러지 **비뇨기과**
- oculist [ákjəlist] 아큘리스트 **안과의사**

- EMT(emergency medical technician) 이엠티 **응급 구조요원**
- ambulance [ǽmbjuləns] 엠뷸런스 **구급차**
- patient [péiʃənt] 페이션트 **환자**
- medical checkup [médikəl tʃékʌ̀p] 메디컬체캅 **건강진단**
- treatment [trí:tmənt] 트리트먼트 **치료**
- disinfection [dìsinfékʃən] 디스인펙션 **소독**
- operation [ùpəréiʃən] 아퍼레이션 **수술**
- prescription [priskrípʃən] 프리스크립션 **처방전**
- IV injection [áiví: indʒékʃən] 아이뷔 인젝션 **링거 (혈관주사)**
- wheelchair [hwí:ltʃɛ̀ə:r] 휠체어 **휠체어**
- reception [risépʃən] 리셉션 **접수창구**

★ Doctor : You're in good health. You'll live to be eighty.
  Patient : But, doctor, I am 80 right now.

★ 의사: 아주 건강하시네요. 80세까지는 사실 겁니다.
  환자: 의사양반, 근데 내가 지금 80살인데요.

★ If Men got pregnant...

1. Maternity leave would last two years... with full pay.
2. There would be a cure for stretch marks.
3. Natural childbirth would become obsolete.
4. Morning sickness would rank as the nation's #1 health problem.
5. All methods of birth control would be 100% effective.
6. Children would be kept in the hospital until toilet trained.
7. Men would be eager to talk about commitment.
8. They wouldn't think twins were so cute.
9. Sons would have to be home from dates by 10:00 PM.
10. Briefcases would be used as diaper bags.
11. Paternity suits would be a fashion line of clothes.
12. They'd stay in bed during the entire pregnancy.
13. Women would rule the world.

★ 만약 남자가 임신을 한다면...

1. 출산휴가는 2년으로 연장될 것이다. 그것도 완전급여를 받으며...
2. 임신선에 대한 치료방법이 생길 것이다.
3. 자연분만은 사라지게 된다.
4. 입덧은 1순위 건강문제로 대두될 것이다.
5. 산아제한의 모든 방법이 100퍼센트 효과를 발휘할 것이다.
6. 어린이는 대소변 훈련을 받을 때까지 병원에 수용될 것이다.
7. 남자들이 결혼약속에 대해 자꾸 말하고 싶어진다.
8. 남자들은 쌍둥이가 귀엽다고 생각하지 않게 된다.
9. 데이트 나간 남자애들은 오후 10시까지 귀가하도록 강제된다.
10. 007가방은 기저귀가방으로 사용된다.
11. 의류코너에 남성임신복이 생긴다.
12. 남자들은 임신기간 내내 침대에서 지내려고 한다.
13. 여자들이 세상을 지배하게 된다.

→ maternity leave 출산 휴가   last 지속되다   stretch mark 임신선(출산 후 배에 생기는 자국)
childbirth 출산   obsolete 쓸모없는, 사라진   morning sickness 입덧   briefcase 007가방,
납작한 서류가방   diaper 기저귀   pregnancy 임신   rule 지배하다, 다스리다

Unit 04

pharmacy 약국

□ **capsule** 캡슐
[kǽpsjuːl] 캡슐

□ **pill** 알약(=tablet)
[pil] 필

□ **syrup** 물약
[sírəp] 시럽

□ **ointment** 연고
[ɔ́intmənt] 오인트먼트

□ **band-aid** 일회용밴드
[bǽndèid] 밴드에이드

□ **gauze** 거즈
[gɔːz] 거즈

관련 단어

- **pharmacist** [fá:rməsist] 파머시스트 약사
- **medicine** [médəs-ən] 메더선 내복약
- **suppository** [səpázətɔ̀:ri] 서파저터리 좌약

- **sanitary towel** [sǽnətèri táuəl] 새니터리 타월 생리대
- **bandage** [bǽndidʒ] 밴디지 붕대
- **dosage** [dóusidʒ] 도우시지 1회 복용량
- **painkiller** [péinkìlər] 페인킬러 진통제
- **sleeping pill** [slí:piŋ pil] 슬리핑필 수면제
- **sedative** [sédətiv] 세더티브 진정제
- **anti-inflammatory** [æ̀ntiinflǽmətɔ̀:ri] 앤티인플래머터리 소염제
- **skin care** [skín kɛ̀ər] 스킨케어 피부 관리용품

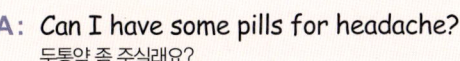

Dialogue

A : Can I have some pills for headache?
두통약 좀 주실래요?

B : You need a prescription to buy this drug.
이 약을 사시려면 처방전을 받아오세요.

illness 질병

□ **headache** 두통
[hédèik] 헤데이크

□ **fever** 발열
[fí:vər] 피버

□ **cough** 기침
[kɔ(:)f] 코프

□ **sneeze** 재채기
[sni:z] 스니즈

□ **cold** 감기
[kould] 코울드

□ **flu** 독감
[flu:] 플루

□ **nosebleed** 코피
[nóuzblì:d] 노우즈블리드

□ **nausea** 구역질
[nɔ́:ziə] 노-지어

□ **chill** 오한
[tʃil] 칠

□ **blood pressure** 혈압
[blʌ́d prèʃər] 블럿 프레셔

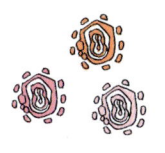

□ **virus** 바이러스
[váiərəs] 바이어러스

□ **allergy** 알레르기
[ǽlərdʒi] 엘러지

□ **vomiting** 구토
[vɔ́mitiŋ] 보미팅

□ **wound** 상처
[wuːnd] 운드

□ **blister** 물집
[blístər] 블리스터

□ **burn** 화상
[bəːrn] 번

99

Unit 05 illness ▶▶▶

관련 단어

- cancer [kǽnsər] 캔서 암
- diabetes [dàiəbíːtiːz] 다이어비티즈 당뇨병
- hepatitis (B) [hèpətáitis (biː)] 헤퍼타이티스(비) (B형)간염
- food poisoning [fuːd pɔ́izəniŋ] 푸드 포이저닝 식중독
- indigestion [ìndidʒéstʃən] 인디제스천 소화불량
- constipation [kɑ̀nstəpéiʃən] 칸스터페이션 변비
- obesity [oubíːsəti] 오우비서티 비만

- stiff neck [stif nek] 스팁 넥 어깨결림
- bone fracture [boun frǽktʃər] 보운 프랙춰 골절
- sore muscles [sɔːr mʌ́slz] 소어 머슬즈 근육통
- migraine [máigrein] 마이그레인 편두통
- cavity [kǽvəti] 캐버티 충치

- diarrhea [dàiəríːə] 다이어리어 설사
- runny nose [rʌ́ni nouz] 러니노우즈 콧물 흐름
- hurt [həːrt] 허트 상처, 부상
- cut [kʌt] 컷 벤 상처
- scratch [skrætʃ] 스크래치 긁힌 상처
- bleeding [blíːdiŋ] 블리딩 출혈
- pain [pein] 페인 통증
- bruise [bruːz] 브루즈 타박상

- □ **scrape** [skreip] 스크레이프 벗겨지다
- □ **sprain** [sprein] 스프레인 삐다
- □ **swell** [swel] 스웰 붓다
- □ **feel dizzy** 필 디지 현기증이 나다
- □ **itch** [itʃ] 이취 가려움, 가렵다
- □ **medicine chest** [médəsən tʃest] 메디신 체스트 **구급약품상자**

- □ **blind** [blaind] 블라인드 앞을 못 보는
- □ **deaf** [def] 데프 소리를 못 듣는

★ Benefits of having Alzheimer's disease
1. You never have to watch reruns on television.
2. You are always meeting new people.
3. You don't have to remember the whines and complaints of your spouse.

★ 치매가 주는 3가지 즐거움
1. TV에서 재방송을 보는 일이 없다.
2. 언제나 새로운 사람들을 만나게 된다.
3. 배우자의 불평을 기억할 필요가 없다.

→ rerun 재방송   whine 불평   spouse 배우자

Unit 06

bank 은행

□ **teller** 은행직원(간단업무)
[télə:r] 텔러

□ **security guard** 경비
[sikjúəriti ga:rd] 시큐리티 가드

□ **amount** 액수
[əmáunt] 어마운트

□ **account number** 계좌번호
[əkáunt nΛmbə:r] 어카운트 넘버

□ **ATM(machine)** 현금인출기(=cash machine)
[eiti:em(məʃí:n)] 에이티엠

□ **coin** 동전
[kɔin] 코인

□ **note** 지폐
[nout] 노우트

□ **check** 수표
[tʃek] 체크

□ **credit card** 신용카드
[krédit ka:rd] 크레딧카드

102

관련 단어

- **bank officer** [bæŋk ɔ́(ː)fisər] 뱅크오피서 (대출 등의) 상담직원
- **cashier** [kæʃíər] 캐쉬어 출납직원
- **customer** [kʌ́stəmər] 커스터머 고객
- **bank charge** [bæŋk tʃɑːrdʒ] 뱅크 차지 은행수수료
- **ATM card** [eitiːem kɑːrd] 에이티엠 카드 직불카드
- **keypad** [kíːpæd] 키패드 자판
- **card slot** [kɑːrd slɔt] 카드슬롯 카드삽입구
- **window** [wíndou] 윈도우 창구

- **direct debit** [dairékt débit] 다이렉트 데빗 자동납부
- **monthly statement** [mʌ́nθli stéitmənt] 먼쓸리 스테이트먼트 매월납부통지서(세금, 전기세 등)
- **payment** [péimənt] 페이먼트 납부, 지불
- **pin number** [pin nʌ́mbəːr] 핀 넘버 비밀번호(personal identification number)
- **savings** [séiviŋz] 세이빙즈 저축
- **signature** [sígnətʃəːr] 식너춰 서명
- **leaflet** [líːflit] 리플릿 전단지

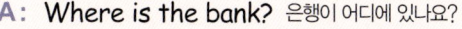

A: **Where is the bank?** 은행이 어디에 있나요?
B: **It's in right next to that tall building.** 저기 큰 빌딩 바로 옆에 있어요.
A: **Thank you very much.** 고마워요.
B: **You're welcome.** 천만에요.

→ you are welcome. 말고도 다르게 표현할 수 있어요. 'No problem.' 'Not at all.'

fast food 패스트푸드

- corn dog 핫도그 (한국식)
  [kɔ́ːrn dɔ̀(ː)g] 콘독

- hot dog 핫도그
  (미국식-빵으로 소시지를 감싸 먹는 것)
  [hát dɔ̀(ː)g] 핫독

- doughnut 도넛
  [dóunʌt] 도우넛

- french fries 감자튀김
  [fréntʃ fráiz] 프렌치프라이즈

- fried chicken 프라이드치킨
  [fráid tʃíkin] 프라이드치킨

- hamburger 햄버거
  [hǽmbəːrgər] 햄버거

- sandwich 샌드위치
  [sǽndwitʃ] 샌드위치

- straw 빨대
  [strɔː] 스트로

- coke 콜라
  [kouk] 코우크

관련 단어

- dumpling [dámpliŋ] 덤플링 만두
- snack [snæk] 스낵 가벼운 식사, 간식
- taco [táːkou] 타코 타코 (얇은 부침개같은 것으로 옥수수, 피망 등을 싸 먹음)
- tray [trei] 트레이 쟁반
- soft drink [sɔ́(ː)ft dríŋk] 소프트 드링크 청량음료
- milk shake [mílk ʃèik] 밀크셰이크 밀크셰이크

- sweet [swiːt] 스윗 달콤한
- tasty [téisti] 테이스티 맛있는

Dialogue

A: What can I get for you? 무엇을 드릴까요?
B: I'll have cheese burger meal. 치즈버거 세트 주세요.
A: For here or to go? 여기서 드실 건가요, 아님 포장이세요?
B: For here please. 먹고 갈 거예요.

→ 한국에선 take-out, 직역하자면 "밖으로 가져가다"가 되는데요. 미국에선 to-go가 "가지고 가다"로 쓰입니다. 그리고 set(세트)가 아닌 meal로 표현 한다는 것. 그리고 보통 감자튀김과 햄버거, 음료수가 함께 나오는 것을 set라고 하는데 meal이 정식 영어입니다.

Unit 08
restaurant 레스토랑

□ **soup** 수프
[su:p] 숩

□ **salad** 샐러드
[sǽləd] 샐러드

□ **pasta** 파스타
[páːstə] 파스타

□ **steak** 스테이크
[steik] 스테이크

□ **sea food** 해물요리
[síː fùːd] 씨푸드

□ **pork cutlet** 돈까스
[pɔːrk kʌ́tlit] 포크커틀릿

□ **beef cutlet** 비후까스
[biːf kʌ́tlit] 비프 커틀릿

□ **curry and rice** 카레라이스
[kə́:ri ənd rais] 커리앤라이스

□ **boiled rice** 밥
[bɔild rais] 보일드 라이스

관련 단어

□ **food** [fu:d] 푸드 음식

□ **appetizer** [ǽpitàizər] 에피타이저 에피타이저, 전채

□ **starter** [stá:rtər] 스타터 처음 나오는 요리

□ **main course** [méin kɔ́:rs] 메인코스 주요리

□ **side order** [sáid ɔ́:rdər] 사이드 오더 추가주문

□ **dessert** [dizə́:rt] 디저트 후식

□ **child's meal** [tʃailz mi:l] 차일즈 밀 어린이 메뉴

□ **barbecue** [bá:rbikjù:] 바비큐 바베큐

□ **omelet over rice** [áməlit óuvər rais] 어믈릿 오버 라이스 오므라이스

□ **lobster** [lábstər] 랍스터 바닷가재

□ **beef** [bi:f] 비프 쇠고기

□ **pork** [pɔ:rk] 포크 돼지고기

□ **mutton** [mʌ́tn] 머튼 양고기

□ **chicken** [tʃíkin] 치킨 닭고기

Unit 05 restaurant ▶▶▶

관련 단어

- **well-done** [wéldʌ́n] 웰던 (고기) 잘 익힌
- **medium** [míːdiəm] 미디엄 중간 정도로 익힌
- **rare** [rɛəːr] 레어 살짝만 익힌 * '희귀한, 드문'이란 뜻도 있음
- **order** [ɔ́ːrdər] 오더 주문
- **menu** [ménjuː] 메뉴 식단, 메뉴

- **meal** [miːl] 밀 식사, 끼니
- **wet towel** [wet táuəl] 웻타월 물수건
- **check** [tʃek] 체크 계산서
- **waiter** [wéitəːr] 웨이터 웨이터, 남종업원
- **waitress** [wéitris] 웨이트리스 여종업원
- **vegetarian** [vèdʒətéəriən] 베저테어리언 채식주의자

- **nutrition** [njuːtríʃən] 뉴트리션 영양
- **overeat** [òuvəríːt] 오버이트 과식하다
- **eat out** [íːtaut] 이트아웃 외식하다
- **serve** [səːrv] 서브 음식을 제공하다
- **chew** [tʃuː] 추 씹다

- □ **delicious** [dilíʃəs] 딜리셔스 맛있는
- □ **spicy** [spáisi] 스파이시 맵다 (=hot)
- □ **sour** [sáuəːr] 사우어 시다
- □ **salty** [sɔ́ːlti] 솔티 짜다
- □ **bitter** [bítər] 비터 쓰다
- □ **rot** [rɑt] 랏 썩다
- □ **rotten** [rátn] 라튼 썩은

A: May I take your order? 주문을 도와드릴까요?

B: I would like to have today's special. 오늘의 추천 메뉴로 주세요.

A: Ok. Then what kind of dressing for salad?
We have ranch, Italian, thousand island, and blue cheese.
그럼 무슨 드레싱으로 드릴까요?
렌치, 이탈리안, 싸우전드아일렌드, 그리고 블루치즈가 준비 되어있습니다.

B: Italian please. 이탈리안으로 주세요.

➡ would like to have st : ~주세요/ ~원하다.
➡ 일반적으로 자리를 잡으면 종업원이 우선 마실 것부터 주문을 받습니다. 마실 것 나오는 동안에 메뉴를 고르게 되고, 음료가 나오면 음식 주문받으러 옵니다. 보통 today's special, '오늘의 추천메뉴'는 그날 재료와 주방장이 자신 있는 음식으로 내오기 때문에 많이 이용됩니다.

bar 술집

□ **bartender** 바텐더
[báːrtèndər] 바텐더

□ **cocktail** 칵테일
[káktèil] 칵테일

□ **sampler** 안주(=accompaniment)
[sǽmpləːr] 샘플러

□ **draft beer** 생맥주
[dræft biər] 드래프트 비어

□ **wine** 와인
[wain] 와인

□ **sparking water** 소다수
[spɑːrkiŋ wɔ́ːtəːr] 스파클링워터

□ **on the rocks**
잔에 얼음을 놓고 양주를 부은 것
[ɔːn ðə rɑks] 온더락스

* 여기에서 rocks는 바위가 아니라 얼음덩어리라는 뜻.

관련 단어

- □ **whiskey** [hwíski] 위스키 위스키
- □ **rum** [rʌm] 럼 럼주
- □ **vodka** [vódkə] 보드카 보드카
- □ **gin and tonic** [ʤin ənd tánik] 진앤토닉 진토닉
- □ **beer** [biər] 비어 맥주
- □ **champagne** [ʃæmpéin] 샴페인 샴페인

- □ **ashtray** [æʃtrèi] 애쉬트레이 재떨이
- □ **alcoholic content** [æ̀lkəhɔ́(:)lik kəntént] 앨커홀릭 컨텐트 알코올 도수
- □ **barhopping** [báːrhɔ̀piŋ] 바호핑 여러 곳에 걸쳐 마시기
- □ **get drunk** [get drʌŋk] 겟드렁크 취하다
- □ **hangover** [hǽŋòuvər] 행오우버 숙취
- □ **Cheers!** [tʃiərz] 치어즈 건배!
  * 한국에선 '건배!' 라고 하죠. 미국에선 다양한 방식이 있습니다. cheers! toast! bottoms up!

Dialogue

- A: **You look nauseous.** 너 표정이 안 좋아 보여.
- B: **I'm so dizzy. I feel like throwing up.** 어지러워. 나 토할 것 같아.
- A: **Don't puke here! Bathroom's right next to that corner!**
  여기서 토하지 마! 저 코너 돌면 바로 화장실 있어!

→ throw up : 토하다(=puke)　　　　　be nauseous : 속이 메스껍다, 울렁거리다.
　feel like ~ing : ~할 것 같다

hotel 호텔

□ **main building** 본관
[mein bíldiŋ] 메인 빌딩

□ **lobby** 로비
[lábi] 라비

□ **check-in** 체크인
[tʃékìn] 체킨

□ **check-out** 체크아웃
[tʃékàut] 체카웃

□ **front desk** 프런트
[frʌnt desk] 프런트데스크

□ **single (room)** 1인실
[síŋgl(ru:m)] 싱글(룸)

□ **twin (room)** 2인실
[twin(ru:m)] 트윈(룸)

□ **bellboy** 사환, 보이
[bélbɔ̀i] 벨보이

□ **chamber-maid** 여급
[tʃéimbərmèid] 체임버메이드

□ **tip** 팁
[tip] 팁

□ **wake-up call** 모닝콜
[wéik ʌp kɔːl] 웨이크업콜

Unit 10 hotel ▶▶▶

관련 단어

- **five-stars** [faiv stɑːrz] 파이브스타즈 5성의, 최고급의
- **annex** [ənéks] 어넥스 별관
- **cloakroom** [klóukrù(ː)m] 클로욱룸 물품 보관소
- **elevator** [éləvèitər] 엘리베이터 엘리베이터
- **corridor** [kɔ́ːridər] 코리더 복도
- **reserve** [rizə́ːrv] 리저브 예약하다(=book)
- **suite** [swiːt] 스위트 스위트룸
- **vacancy** [véikənsi] 베이컨시 빈방

- **Babysitting Services** [béibisìtiŋ sə́ːrvisiz] 베이비시팅 서비시즈 유아 돌봐드림
- **Cashier** [kæʃíər] 케쉬어 출납원, 계산소
- **Clinic** [klínik] 클리닉 의무실
- **Currency Exchange** [kɔ́ːrənsi ikstʃéindʒ] 커런시 익스체인지 환전
- **Do Not Disturb** [duː nɑt distə́ːrb] 두낫 디스터브 방문사절
- **Employees Only** [èmplɔiz óunli] 엠플로이즈 온리 관계자 외 출입금지
- **Make Up Room** [méik ʌ̀p ruːm] 메이컵 룸 방 청소 중

★ A young married couple is on their honeymoon. However, they don't want the other people in their hotel to know that they are on their honeymoon. So, the man proposes: "If you carry the luggage, it will look like as if we are married for a long time!"

★ 신혼여행 중인 신혼부부가 호텔에서 다른 사람들이 신혼인 것을 알아보지 못하기를 바랐다. 그래서 남편이 제안한다.
"당신이 트렁크를 끌고 가면 우리가 결혼한 지 오랜 된 줄 알거야."

→ carry 운반하다   for a long time 오랫동안

school 학교

❶ □ **classroom** [klǽsrù(ː)m] 클래스룸 교실
❷ □ **teacher** [tíːtʃəːr] 티처 교사
❸ □ **student** [stjúːdənt] 스튜던트 학생
❹ □ **desk** [desk] 데스크 책상
❺ □ **chair** [tʃɛər] 체어 의자
❻ □ **textbook** [tékstbùk] 텍스트북 교과서
❼ □ **pencil case** [pénsəl keis] 펜슬케이스 필통
❽ □ **pencil** [pénsəl] 펜슬 연필
❾ □ **eraser** [iréizər] 이레이저 지우개
❿ □ **coloring pencil** [kʌ́ləriŋ pénsəl] 컬러링 펜슬 색연필
⓫ □ **ruler** [rúːləːr] 룰러 자
⓬ □ **globe** [gloub] 글로우브 지구본
⓭ □ **bulletin board** [búlətin bɔːrd] 불러틴 보드 게시판

관련 단어

- **kindergarten** [kíndərgà:rtn] 킨더가튼 유치원
- **elementary school** [èləméntəri sku:l] 엘리먼터리 스쿨 초등학교
- **junior high school** [ʤú:njər hai sku:l] 주니어 하이스쿨 중학교
- **senior high school** [sí:njər hai sku:l] 씨니어 하이스쿨 고등학교
- **college** [kálidʒ] 칼리지 대학교

    - **classmate** [klǽsmèit] 클래스메이트 급우, 반 친구
    - **dictionary** [díkʃənèri] 딕셔너리 사전
    - **homework** [hóumwə̀rk] 홈웍 숙제
    - **map** [mæp] 맵 지도
    - **examination** [igzæmənéiʃən] 익제미네이션 시험
    - **education** [èdʒukéiʃən] 에주케이션 교육

- **dormitory** [dɔ́:rmətɔ̀:ri] 도미터리 기숙사
- **auditorium** [ɔ̀:ditɔ́:riəm] 오디토리엄 강당
- **playground** [pleígràund] 플레이그라운드 운동장
- **school infirmary** [sku:l infə́:rməri] 스쿨 인퍼머리 양호실
- **gym** [ʤim] 짐 체육관
- **aisle** [ail] 아일 복도

Unit 11 school ▶▶▶

관련 단어

- **undergraduate** [ʌ̀ndərgrǽdʒuit] 언더그래주잇 대학생 (=college student)
- **scholarship** [skάləːrʃip] 스칼러쉽 장학금
- **report card** [ripɔ́ːrt kɑːrd] 리포트 카드 성적표
- **curriculum** [kəríkjələm] 커리큘럼 교육과정
- **grade** [greid] 그레이드 학년
- **term** [təːrm] 텀 학기
- **tuition** [tjuːíʃən] 튜이션 수업료
- **diploma** [diplóumə] 디플로우머 졸업장

★ **Teacher :** Why are you late, Jim?
Jim : Because of a sign down the road.
Teacher : What does a sign have to do with your being late?
Jim : The sign said, "School Ahead, Go Slow!"

★ 선생 : 짐, 왜 지각한거냐?
짐 : 도로 표지판 때문입니다.
선생 : 표지판하고 네가 지각한 것과 무슨 상관이 있는 건데?
짐 : '전방에 학교 있음. 천천히!' 라고 씌여 있었습니다.

➜ have to do with : ~와 관계가 있다

교실 표현

- **Answer the questions.** 문제의 답을 적으세요(말하세요).
- **Be quiet.** 조용히 하세요.
- **Listen carefully.** 잘 들어보세요.
- **Look at the board.** 칠판을 보세요.

- **Take out your book.** 책을 꺼내세요.
- **Open the textbook.** 교과서를 펴세요.
- **Read page twenty.** 20쪽을 읽으세요.
- **Close your book.** 책을 덮으세요.
- **Put away the book.** 책을 치우세요.

- **Stand up.** 일어나세요.
- **Come here.** 이쪽으로 오세요.
- **Write your name.** 이름을 쓰세요.
- **Draw a circle.** 원을 하나 그리시오.
- **Sit down.** 앉으세요.
- **Make one lines.** 한 줄로 서세요.

- ☐ erase the answer 답을 지우다
- ☐ go to the board 칠판에 가다
- ☐ hand in my homework 숙제를 제출하다
- ☐ listen to the question 문제를 듣다
- ☐ raise the hand 손을 들다
- ☐ take notes 필기하다

subject 과목

□ **English** 영어
[íŋgliʃ] 잉글리시

□ **Korean history** 국사
[kərí:ən hístəri] 커리언 히스터리

□ **science** 과학
[sáiəns] 사이언스

□ **chemistry** 화학
[kémistri] 케미스트리

□ **music** 음악
[mjú:zik] 뮤직

□ **fine art** 미술
[fain ɑ:ɾt] 파인 아트

□ **physical education** 체육
[fízikəl èdʒukéiʃən] 피지컬 에주케이션

관련 단어

- **Korean language** [kəríːən lǽŋgwidʒ] 커리언 랭귀지 **국어**
- **social studies** [sóuʃəl stʌ́diz] 소셜 스터디즈 **사회**
- **geography** [dʒiːágrəfi] 지아그러피 **지리**
- **biology** [baiálədʒi] 바이알러지 **생물**
- **mathematics** [mæ̀θəmǽtiks] 매스매틱스 **수학**(=math)
- **philosophy** [filásəfi] 필라소피 **철학**
- **essay** [ései] 에세이 **작문**
- **ethics** [éθiks] 에식스 **도덕, 윤리학**
- **literature** [lítərətʃər] 리터러춰 **문학**
- **economics** [ìːkənámiks] 이커나믹스 **경제학**
- **psychology** [saikálədʒi] 사이칼러지 **심리학**
- **engineering** [èndʒəníəriŋ] 엔지니어링 **공학**
- **physics** [fíziks] 피직스 **물리학**

police station 경찰서

□ **police officer** 경찰관
[pəlíːs ɔ́(ː)fisər] 폴리스 오피서

□ **gun** 권총
[gʌn] 건

□ **thief** 도둑
[θiːf] 씨프

□ **victim** 피해자
[víktim] 빅팀

□ **assault** 폭행
[əsɔ́ːlt] 어쏠트

□ **arrest** 체포
[ərést] 어레스트

□ **evidence** 증거
[évidəns] 에비던스

관련 단어

- **detective** [ditéktiv] 디텍티브 형사
- **handcuffs** [hǽndkʌ̀fs] 핸드커프스 수갑
- **pickpocket** [píkpɔ̀kit] 픽포켓 소매치기
- **robber** [rábəːr] 라버 강도
- **witness** [wítnis] 위트니스 목격자
- **crime** [kraim] 크라임 범죄
- **murder** [mə́ːrdəːr] 머더 살인
- **rape** [reip] 레입 강간
- **fraud** [frɔːd] 프로드 사기
- **bribery** [bráibəri] 브라이버리 뇌물
- **steal** [stiːl] 스틸 훔치다

Joke

★ There was an inebriated driver who was pulled up by the police. When the cop opened the door, the driver fell out.

police officer : "YOU'RE DRUNK!"
driver : "Thank God for that! I thought the steering had gone."

★ 술 취한 운전자가 경찰에 잡혔다. 경찰관이 자동차 문을 열어젖히자 운전자가 쓰러지고 말았다.

경찰 : 당신 취했구만!
운전자 : 아이고 다행이네요! 난 운전대가 사라진 줄 알았어요.

→ **inebriate** 취하게 하다   **pull up** (차를) 세우다   **cop** 경찰관   **steering (wheel)** 운전대

religion 종교

□ **Buddhist** 불교도
[búːdist] 부디스트

□ **temple** 절(신전)
[témpl] 템플

□ **Christian** 기독교인
[krístʃən] 크리스천

□ **church** 교회
[tʃəːrtʃ] 처취

□ **Catholicism** 천주교
[kəθáləsìzəm] 커쌀러시즘

□ **cathedral** 성당
[kəθíːdrəl] 커시드럴

관련 단어

- heaven [hévən] 헤븐 천국
- hell [hel] 헬 지옥
- bible [báibl] 바이블 성경
- service [sə́ːrvis] 서비스 예배
- hymn [him] 힘 찬송가
- Catholic [kǽθəlik] 캐설릭 가톨릭신자

- Buddhist scriptures [- skríptʃəːrz] 부디스트 스크립춰즈 불경
- Buddha [búːdə] 부더 부처
- karma [káːrmə] 카르머 업보
- unenlightened beings [ʌ̀ninláitnd bíːiŋs] 언인라이튼드 비잉스 중생
- put it into practice 실천하다

- Islam [íslɑːm] 이슬람교
- Muslim [mʌ́zləm] 무슬림 이슬람교도

Self Test

1 다음 그림을 영단어와 연결시키세요.

- hospital
- school
- library
- signboard
- cinema

2 다음 단어를 우리말로 옮기시오.

a) letter _____   stamp _____
   home-delivery _____   package _____

b) doctor _____   nurse _____   patient _____
   dentist _____   operation _____

c) pill _____   band-aid _____   ointment _____
   fever _____   flu _____   wound _____   blister _____

3 다음 보기에서 단어를 찾아 넣으시오.

a) account number cash machine pin number note signature
b) doughnut   snack   hamburger   tray   corn dog

a) 현금인출기 _____   지폐 _____   서명 _____
   비밀번호 _____   계좌번호 _____

b) 핫도그 _____   도우넛 _____   햄버거 _____
   쟁반 _____   간식 _____

4 다음 그림을 영단어와 연결시키세요.

·　　　　　·　　　　　·　　　　　·　　　　　·

·　　　　　·　　　　　·　　　　　·　　　　　·

steak　　　pork cutlet　　soup　　boiled rice　　sea food

5 다음을 우리말 혹은 영어로 바꾸시오.

a) 맥주 _____　　　cocktail _____　　wine _____
　 건배! _____　　　hangover _____

b) 로비 _____　　　reserve _____
　 wakeup call _____　　팁 _____　　　vacancy _____

6 다음 보기에서 영단어를 골라 넣으시오.

a) ruler　　eraser　　classmate　　textbook　　chair
b) science　　mathematics　　Korean history　　music　　biology

a) 급우 _____　　자 _____　　　지우개 _____
　 의자 _____　　교과서 _____

b) 국사 _____　　과학 _____　　수학 _____
　 생물 _____　　음악 _____

Self Test

7 다음 단어의 뜻을 쓰시오.

a) thief _____   robber _____   crime _____
   arrest _____   evidence _____   steal _____

b) Christian _____   Buddhist _____   heaven _____
   hell _____   bible _____   hymn _____

8 다음 빈칸에 적당한 영단어를 넣으세요.

a) Do you have a _____? 열이 있습니까?

b) I want to open a bank _____. 은행 계좌를 만들고 싶어요.

c) I'll _____ a table. 내가 예약해 둘게.(식당)

d) May I have a _____ call? 모닝콜을 해주시겠어요?

e) My favorite _____ is _____. 내가 가장 좋아하는 과목은 생물입니다.

f) Call the _____, please. 경찰을 불러 주세요.

---

1 영화관-cinema 병원-hospital 학교-school 도서관-library 간판-signboard
2 a) 편지 – 우표 – 택배 – 소포
   b) 의사 – 간호사 – 환자 – 치과의사 – 수술
   c) 알약 – 1회용밴드 – 연고 – 열 – 독감 –상처 – 물집
3 a) cash machine   note   signature   pin number   account number
   b) corn dog   doughnut   hamburger   tray   snack
4 수프-soup   스테이크-steak   해물요리-sea food   돈까스-pork cutlet
   밥-boiled rice
5 a) beer – 칵테일 – 와인 – Cheers! – 숙취
   b) lobby – 예약 – 모닝콜 – tip – 빈방
6 a) classmate   ruler   eraser   chair   textbook
   b) Korean history   science   mathematics   biology   music
7 a) 도둑, 강도, 범죄, 체포, 증거, 훔치다
   b) 기독교인, 불교도, 천국, 지옥, 성경, 찬송가
8 a) fever   b) account   c) book   d) wake-up   e) subject, biology   f) police

Theme 5
→ transportation 교통

Unit 01	vehicles	탈 것
Unit 02	bicycle	자전거
Unit 03	motorcycle	오토바이
Unit 04	car	자동차
Unit 05	roads	도로
Unit 06	train	열차
Unit 07	port	항구
Unit 08	airplane	비행기

vehicles 탈 것

□ **train** 열차
[trein] 트레인

□ **subway** 지하철
[sʌ́bwèi] 섭웨이

□ **high-speed train** 고속열차
[haispíːd trein] 하이스피드 트레인

□ **double-decker bus** 2층버스
[dʌ́bəldékər bʌs] 더블데커 버스

□ **tourist bus** 관광버스
[túərist bʌs] 투어리스트 버스

□ **airplane** 비행기
[ɛ́ərplèin] 에어플레인

□ **helicopter** 헬리콥터
[hélikàptər] 헬리캅터

□ **air-hot balloon** 기구
[ɛər hɑt bəlúːn] 에어핫 벌룬

□ **glider** 경비행기
[gláidər] 글라이더

□ **car** 자동차
[kɑːr] 카

□ **convertible** 오픈카
[kənvə́ːrtəbl] 컨버터블

□ **truck** 트럭
[trʌk] 트럭

□ **motorbike** 오토바이
[móutəːrbàik] 모터바이크

□ **scooter** 스쿠터
[skúːtəːr] 스쿠터

□ **bicycle** 자전거
[báisikl] 바이시클

□ **ship** 배
[ʃip] 쉽

□ **ferry** 연락선
[féri] 페리

□ **yacht** 요트
[jɑt] 얏

bicycle 자전거

① □ **handlebar** [hǽndlbɑ̀:r] 핸들 핸들
② □ **brake lever** [breik lévəːr] 브레이크 레버 브레이크레버
③ □ **saddle** [sǽdl] 새들 안장
④ □ **frame** [freim] 프레임 프레임

❺ □ **spoke** [spouk] 스포크 바퀴살

❻ □ **tread** [tred] 트레드 타이어의 접지면

❼ □ **chain** [tʃein] 체인 체인

❽ □ **pedal** [pédl] 페달 페달

❾ □ **hub** [hʌb] 헙 바퀴축

❿ □ **gears** [giərz] 기어즈 기어(톱니바퀴)

⓫ □ **rim** [rim] 림 바퀴테(금속부분)

관련 단어

□ **valve** [vælv] 밸브 공기주입구

□ **inner tube** [ínər tju:b] 이너튜브 속튜브

□ **mountain bike** [máuntən baik] 마운틴 바이크 산악용자전거

□ **road bike** [roud baik] 로드 바이크 일반자전거

□ **cycle lane** [sáikl lein] 사이클 레인 자전거전용도로

motorcycle 오토바이

① □ **handlebars** [hǽndlbàːrz] 핸들바즈 **핸들**

② □ **rearview mirror** [riəːrvjuː mírər] 리어뷰 미러 **후사경, 백미러**

③ □ **fuel tank** [fjúːəl tæŋk] 퓨얼 탱크 **연료탱크**

④ □ **seat** [siːt] 시트 **시트**

❺ ☐ **headlight** [hédlàit] 헤드라이트 헤드라이트
❻ ☐ **taillight** [téillàit] 테일라잇 미등
❼ ☐ **muffler** [mʌ́flər] 머플러 배기구, 마후라
❽ ☐ **footrest** [fútrèst] 풋레스트 스텝
❾ ☐ **engine** [éndʒən] 엔진 엔진
❿ ☐ **tire** [taiər] 타이어 타이어
⓫ ☐ **brake** [breik] 브레이크 브레이크
⓬ ☐ **fender** [féndər] 펜더 흙받이
⓭ ☐ **carrier** [kǽriər] 캐리어 짐받이
⓮ ☐ **suspension** [səspénʃən] 서스펜션 완충장치

관련 단어

☐ **helmet** [hélmit] 헬밋 헬멧
☐ **controls** [kəntróulz] 컨트롤즈 제어장치

car 자동차

❶ ☐ **headlight** [hédlàit] 헤드라이트 헤드라이트(=headlamp)

❷ ☐ **turn signal** [tə́ːrn sìgnəl] 턴식널 깜빡이(=indicator)

❸ ☐ **tire** [taiəːr] 타이어 타이어

❹ ☐ **taillight** [téillàit] 테일라잇 뒤쪽 라이트

❺ ☐ **side-view mirror** [sáidvjuː mírər] 사이드뷰 미러 빽미러

❻ ☐ **hood** [hud] 후드 본네트

❼ ☐ **windshield** [wíndʃìːld] 윈드쉴드 앞유리

❽ ☐ **wiper** [wáipəːr] 와이퍼 창 닦이

❾ ☐ **license plate** [láisəns plèit] 라이선스 플레잇 번호판

❿ ☐ **trunk** [trʌ́ŋk] 트렁크 트렁크

① □ **rear-view mirror** [ríə:rvju: mírər] 리어뷰 미러 **후사경**
② □ **steering wheel** [stíəriŋ hwì:l] 스티어링 휠 **운전대**
③ □ **horn** [hɔːrn] 혼 **경적**
④ □ **parking brake** [páːrkiŋ breik] 파킹브레익 **사이드브레이크**
⑤ □ **brake pedal** [bréik pèdl] 브레이크 페달 **브레이크**
⑥ □ **accelerator** [æksélərèitər] 엑셀러레이터 **가속페달**
⑦ □ **dashboard** [dǽʃbɔ̀ːrd] 대시보드 **계기판**
⑧ □ **fuel gauge** [fjúːəl geidʒ] 퓨얼 게이지 **연료계**
⑨ □ **speedometer** [spiːdɔ́mitəːr] 스피도미터 **속도계**
⑩ □ **tachometer** [tækúmitəːr] 태카미터 **(자동차 엔진의) 회전 속도계**
⑪ □ **odometer** [oudɔ́mitər] 오우도미터 **주행기록계**

Unit 04 car ▶▶▶

관련 단어

실내

- air bag [ɛər bæ̀g] 에어백 에어백
- seat belt [síːt bèlt] 시트벨트 안전벨트
- emergency lights [imə́ːrdʒənsi laits] 이머전시 라이츠 비상등
- head rest [hédrèst] 헤드레스트 머리받침
- armrest [ɑ́ːrmrèst] 암레스트 팔걸이
- back seat [bǽksiːt] 백시트 뒷자리
- doorlock [dɔ́ːrlàk] 도어락 문잠금 장치
- clutch [klʌtʃ] 클러치 클러치
- heater control [híːtər kəntróulz] 히터 컨트롤즈 난방조절장치
- car stereo [kɑːr stériòu] 카스테리오우 카오디오

엔진룸

- battery [bǽtəri] 배터리 배터리
- engine [éndʒən] 엔진 엔진
- radiator [réidièitəːr] 레디에이터 냉각장치
- air filter [ɛər fíltər] 에어필터 공기필터
- fan belt [fǽnbelt] 팬벨트 팬벨트

- spare tire [spɛəːr taiəːr] 스페어타이어 예비타이어
- jack [dʒæk] 잭 잭
- breakdown [bréikdàun] 브레이크다운 고장
- flat tire [flǽt táiəːr] 플랫 타이어 펑크
- ticket [tíkit] 티킷 위반딱지
- repair shop [ripéəːr ʃɑp] 리페어샵 카센터
- wrecker [rékəːr] 레커 견인차
- parking violation [páːrkiŋ vàiəléiʃən] 파킹 바이얼레이션 **주차위반**

- petrol station [pétrəl stéiʃən] 페트럴 스테이션 **주유소**
- oil [ɔil] 오일 윤활유
- petrol [pétrəl] 페트럴 휘발유
- diesel [díːzəl] 디젤 경유
- petrol pump [pétrəl pʌmp] 페트럴 펌프 **휘발유 펌프**
- car wash [kɑːr wɑʃ] 카와쉬 세차

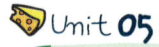

roads 도로

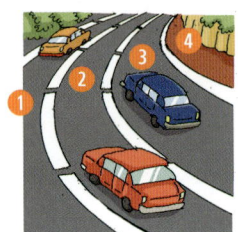

- ① ☐ **inside lane** [ínsaid léin] 인사이드 레인 1차선
- ② ☐ **middle lane** [mídl lein] 미들 레인 2차선
- ③ ☐ **outside lane** [áutsáid lein] 아웃사이드 레인 3차선
- ④ ☐ **hard shoulder** [háːrd ʃóuldəːr] 하드 쇼울더 갓길

☐ **crash barrier** 가드레일(=guardrail)
[kræʃ bæ̀riər] 크래쉬 배리어

☐ **tollgate** 도로요금징수소
[tóulgèit] 토울게이트

☐ **underpass** 지하도
[ʌ́ndərpæ̀s] 언더패스

☐ **flyover** 고가도로
[fláiòuvəːr] 플라이오버

□ **one-way** 일방통행로
[wʌ́nwéi] 원웨이

□ **dirt road** 비포장도로
[dəːrt roud] 더트로우드

□ **alley** 골목
[ǽli] 앨리

□ **crossroad** 로터리
[krɔ́ːsròud] 크로스로우드

□ **crosswalk** 횡단보도
[krɔ́ːswɔ̀ːk] 크로스워크

□ **sidewalk** 인도, 보도
[sáidwɔ̀ːk] 사이드워크

141

Unit 05 roads ▶▶▶

□ **bus stop** 버스정류소
[bʌs stɑp] 버스탑

□ **parking lot** 주차장
[páːrkiŋ lɑt] 파킹 랏

□ **traffic sign** 교통표지판
[trǽfik sain] 트래픽 사인

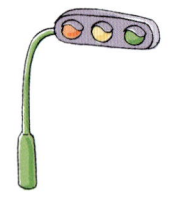

□ **traffic signal** 교통신호등
[trǽfik sìgnəl] 트래픽시그널

□ **street light** 가로등
[stríːt làit] 스트릿 라이트

관련 단어

- **detour** [díːtuər] 디투어 우회도로
- **central reservation** [séntrəl rèzəːrvéiʃən] 센트럴 레저베이션 중앙분리대 (=median)
- **no entry** [nou éntri] 노우엔트리 진입금지
- **speed limit** [spíːd lìmit] 스피드리밋 제한속도
- **danger** [déindʒər] 데인저 위험
- **direction** [dirékʃən] 디렉션 방향
- **cross** [krɔːs] 크로스 건너다
- **traffic jam** 교통체증

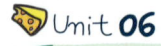
train 열차

□ **compartment** 객실
[kəmpáːrtmənt] 컴파트먼트

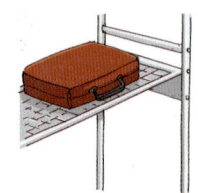

□ **luggage rack** 수하물 선반
[lʌ́gidʒ ræk] 러기지랙

□ **handrail** 손잡이 기둥
[hǽndrèil] 핸드레일

□ **seat** 좌석
[siːt] 시트

□ **sleeping car** 침대차
[slíːpiŋ kɑːr] 슬리핑카

□ **railroad station** 철도역
[réilroud stèiʃən] 레일로드 스테이션

station 역

□ **waiting room** 대합실
[wéitiŋ ru:m] 웨이팅룸

□ **route map** 노선도
[ru:t mæp] 루트맵

□ **timetable** 시간표
[táimtèibl] 타임테이블

□ **ticket machine** 승차권판매기
[tíkit məʃí:n] 티켓머신

□ **information** 안내소
[ìnfərméiʃən] 인포메이션

□ **entrance** 입구
[éntrəns] 엔트런스

□ **ticket inspector** 검표원
[tíkit inspéktər] 티킷 인스펙터

Unit 06 train ▶▶▶

관련 단어

- **dining car** [dáiniŋ kɑːr] 다이닝카 식당차
- **railway** [réilwèi] 레일웨이 철도(=railroad)
- **express** [iksprés] 익스프레스 급행(열차)
- **line** [lain] 라인 노선
- **track** [træk] 트랙 선로
- **ticket window** [tíkit wíndou] 티킷 윈도우 티켓창구
- **one-way ticket** [wʌ́nwéi tíkit] 원웨이 티킷 편도표
- **round-trip ticket** [ráundtríp tíkit] 라운드트립 티킷 왕복표
- **platform ticket** [plǽtfɔːrm tíkit] 플랫폼 티킷 입장권
- **monthly pass** [mʌ́nθli pæs] 먼쓰리 패스 정기권
- **fare** [fɛər] 페어 교통비
- **fare table** 페어 테이블 요금표
- **automatic ticket barrier** [ɔːtəmǽtik tíkit bǽriər] 오토매틱 티킷 배리어 자동개찰구
- **engineer** [èndʒəníər] 엔지니어 기관사
- **Lost and found** [lɔ(ː)st ənd faund] 로스트 앤 파운드 분실물 센터
- **restroom** [réstrùːm] 레스트룸 화장실
- **subway entrance** [sʌ́bwèi éntrəns] 섭웨이 엔트런스 지하철 입구
- **exit** [éksit] 엑시트 출구
- **station staff** 스테이션 스탭 역 직원
- **terminal** [tə́ːrmənl] 터미널 종착역

- get on the train 열차를 타다
- get off the train 열차에서 내리다
- change trains 열차를 갈아타다
- miss one's stop 내릴 역(정거장)을 놓치다
- give up one's seat 자리를 양보하다
- hold a strap 손잡이를 잡다

- stopover [stáːpòuvəːr] 스탑오버 도중하차
- empty [émpti] 엠프티 비어 있는
- crowded [kráudid] 크라우디드 혼잡한
- crowded train 만원열차
- doze [douz] 도우즈 졸다
- motion sickness [móuʃən síknis] 모우션 식니스 차멀미
- commuting time 출퇴근 시간
- the first train 첫차
- the last train 막차

Dialogue

A: Let's check the timetable to see how often buses come.
시간표를 보고 버스 운행간격을 알아보자.

B: I will go check information desk.
내가 안내소로 가볼게.

port 항구

- ① ☐ **anchor** [ǽŋkər] 앵커 닻
- ② ☐ **cable** [kéibl] 케이블 닻줄
- ③ ☐ **radar** [réidɑːr] 레이다 레이더
- ④ ☐ **prow** [prau] 프라우 뱃머리
- ⑤ ☐ **deck** [dek] 덱 갑판
- ⑥ ☐ **cabin** [kǽbin] 캐빈 선실
- ⑦ ☐ **hull** [hʌl] 헐 선체
- ⑧ ☐ **stern** [stəːrn] 스턴 배 후미
- ⑨ ☐ **quarterdeck** [kwɔ́ːrtərdèk] 쿼터덱 뒷갑판
- ⑩ ☐ **passenger boat** [pǽsəndʒər bout] 패선저 보우트 여객선
- ⑪ ☐ **dock** [dɔk] 독 부두, 선착장

⑫ □ **lighthouse** [láithàus] 라잇하우스 등대
⑬ □ **breakwater** [bréikwɔ̀:tər] 브레이크워터 방파제
⑭ □ **cargo** [ká:rgou] 카고 화물
⑮ □ **sea** [si:] 씨 바다

□ **boat** 배
[bout] 보우트

□ **propeller** 프로펠러
[prəpélər] 프로펠러

□ **vessel** 배(boat 보다 큰 것)
[vésəl] 베셀

□ **lifeboat** 구명보트
[láifbòut] 라이프보우트

□ **rod** 노
[rɑd] 랏

관련 단어

□ **engine room** [éndʒən ru:m] 엔진 룸 기관실

□ **rudder** [rʌ́dər] 러더 키

□ **excursion ship** [ikskə́:rʒən ʃip] 익스커전 쉽 유람선

□ **fishing boat** [fíʃiŋ bout] 피싱 보우트 어선

□ **freighter** [fréitər] 프레이터 화물선

□ **coast-guard** [kóust gà:rd] 코스트가드 해안경비대

airplane 비행기

① □ **cockpit** [kákpìt] 칵핏 조종실
② □ **cabin** [kǽbin] 캐빈 객실
③ □ **tail** [teil] 테일 꼬리
④ □ **wing** [wiŋ] 윙 날개
⑤ □ **tail plane** [teil plein] 테일플레인 수평꼬리날개

□ **emergency exit** 비상구
[imə́ːrdʒənsi éksit] 이머전시 익시트

관련 단어

□ **lavatory** [lǽvətɔ̀ːri] 래버토리 화장실

□ **aisle** [ail] 아일 통로

□ **first class** 퍼스트 클래스 특별석(일등석)

□ **business class** 비즈니스 클래스 고급석

□ **economy class** 이카너미 클래스 일반석

airport 공항

□ **airliner** 여객기
[ɛ́ərlàinər] 에얼라이너

□ **control tower** 관제탑
[kəntróul táuəːr] 컨트롤 타워

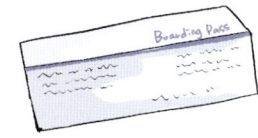

□ **boarding pass** 탑승권
[bɔ́ːrdiŋ pæs] 보딩 패스

□ **check-in counter** 탑승수속카운터
[tʃékìn káuntər] 체킨 카운터

□ **gate number** 탑승구 번호
[geit nʌ́mbəːr] 게잇 넘버

□ **passport** 여권
[pǽspɔ̀ːrt] 패스포트

□ **departure lounge** 탑승대기실
[dipáːrtʃər laundʒ] 디파추어 라운지

Unit 08 airplane ▶▶▶

□ **runway** 활주로
[ránwèi] 런웨이

□ **carousel** 회전식 원형 컨베이어
[kèrusél] 케루셀

□ **arrival and departure monitor** 도착/출발 표시화면
[əráivəl ənd dipá:rtʃər mánitər] 어라이벌 앤 디파춰 마니터

관련 단어

□ **terminal building** [tə́:rmənəl bíldiŋ] 터미널 빌딩 공항건물

□ **hand luggage** [hænd lʌ́gidʒ] 핸드 러기지 수하물

□ **luggage cart** [lʌ́gidʒ kɑ:rt] 러기지 카트 손수레, 카트

□ **inspection** [inspékʃən] 인스펙션 검사

□ **security** [sikjúərəti] 씨큐리티 보안

□ **metal detector** [métl ditéktər] 메털 디텍터 금속 탐지기

□ **immigration** [ìməgréiʃən] 이머그래이션 출입국심사대

□ **domestic flight** [douméstik flait] 도우메스틱 플라이트 국내선

□ **international flight** [ìntərnǽʃənəl flait] 인터내셔널 플라이트 국제선

- **duty-free shop** [djúːtifríː ʃap] 듀티프리 샵 면세점
- **visa** [víːzə] 비자 사증
- **flight number** [flait nʌ́mbəːr] 플라이트 넘버 항공편 번호
- **quarantine** [kwɔ́ːrəntìːn] 쿼런틴 검역
- **reservation counter** [rèzəːrvéiʃən káuntər] 레저베이션 카운터 예약카운터
- **walkway** [wɔ́ːkwèi] 워크웨이 (탑승용) 통로
- **baggage claim area** [bǽgidʒ kleim ɛ́əriə] 배기지 클레임 에어리어 수화물 취급소
- **customs** [kʌ́stəm] 커스텀즈 세관

- **standby** [stǽndbài] 스탠바이 취소대기
- **destination** [dèstənéiʃən] 데스터네이션 목적지
- **connection** [kənékʃən] 커넥션 연결편
- **jet lag** [dʒet læg] 젯랙 시차증
- **blanket** [blǽŋkit] 블랭킷 모포

- **take off** 테이커프 이륙하다
- **land** [lænd] 랜드 착륙하다
- **altitude** [ǽltətjùːd] 앨티튜드 고도

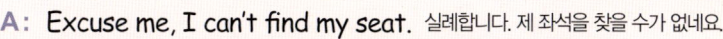

Dialogue

A: Excuse me, I can't find my seat. 실례합니다. 제 좌석을 찾을 수가 없네요.
B: May I see your boarding pass? 항공권을 보여주시겠습니까?
   It's the sixth seat in this row. 이 줄 6번째 좌석입니다.
A: Thank you. 감사합니다.

Self Test

1 다음 그림을 영단어와 연결시키세요.

motorbike   train   ship   convertible   airplane

2 다음 단어를 우리말로 옮기시오.

a) frame _____ chain _____ bicycle _____
saddle _____ brake _____

b) fuel tank _____ tire _____ seat _____
fender _____ carrier _____

c) hood _____ wiper _____ steering wheel _____
horn _____ license plate _____

d) one-way _____ underpass _____ danger _____
direction _____ cross _____

3 다음 보기에서 영단어를 골라 넣으시오.

a) railway   express   timetable   fare   terminal
b) hull   deck   dock   cargo   anchor

a) 특급 _____   교통비 _____   철도 _____
종착역 _____   시간표 _____

b) 화물 _____   부두 _____   선체 _____
갑판 _____   닻 _____

4 다음 영어를 우리말로 옮기시오.

emergency exit _____   boarding pass _____
airliner _____   runway _____
lavatory _____   take off _____

5 다음 빈칸에 적당한 영단어를 넣으세요.

a) Is there any _____ around here? 이 근처에 주차장이 있습니까?
b) How much is the ____ to Cheongju? 청주까지 교통비가 얼마인가요?
c) Can I _____ here? 여기 앉아도 될까요?
d) Where should I _____ _____? 어디에서 열차를 갈아타야 할까요?

1 열차–train   비행기–airplane   오토바이–motorbike   오픈카–convertible   배–ship
2 a) 프레임 – 체인 – 자전거 – 안장 – 브레이크
  b) 연료통 – 타이어 – 좌석 – 흙받이 – 짐받이
  c) 본네트 – 와이퍼 – 운전대 – 경적(크락션) – 번호판
  d) 일방통행 – 지하도 – 위험 – 방향 – 건너다
3 a) express   fare   railway   terminal   timetable
  b) cargo   dock   hull   deck   anchor
4 비상구 – 탑승권 – 여객기 – 활주로 – 화장실 – 이륙하다
5 a) parking lot   b) fare   c) seat   d) change trains

THEMATIC ENGLISH WORDS

Theme 6
→ business 업무

Unit 01	occupations 직업
Unit 02	job title 직위
Unit 03	work 근로
Unit 04	office 사무실
Unit 05	computer 컴퓨터
Unit 06	internet 인터넷
Unit 07	communication 의사소통

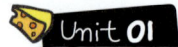

occupations 직업

□ **flight attendant** 승무원
[flait əténdənt] 플라이트 어텐던트
(stewardess[스튜어디스]라는 말은 구식)

□ **policeman** 경찰관
[pəlí:smən] 펄리스먼

□ **cook** 요리사(=chef)
[kuk] 쿡
* cooker는 요리기구

□ **baker** 제빵사
[béikər] 베이커

□ **doctor** 의사
[dáktər] 닥터

□ **sportsman** 운동선수
[spɔ́ːrtsmən] 스포츠먼

□ **singer** 가수
[síŋəːr] 싱어

□ **entertainer** 연예인
[èntərtéinər] 엔터테이너

□ **TV personality** TV 탤런트
[tíːvíː pə̀ːrsənǽləti] 티비퍼스낼러티

□ **racing girl** 레이싱걸
[réisiŋ gəːrl] 레이싱걸

□ **soldier** 군인
[sóuldʒəːr] 소울저

□ **taxi driver** 택시운전수
[tǽksi dráivər] 택시드라이버

□ **teacher** 교사
[tíːtʃəːr] 티처

□ **professor** 교수
[prəfésər] 프러페서

□ **lawyer** 변호사
[lɔ́ːjəːr] 로여

Unit 01 occupations ▶▶▶

□ **carpenter** 목수
[káːrpəntər] 카펜터

□ **farmer** 농부
[fáːrmər] 파머

□ **gardener** 원예사
[gáːrdnər] 가드너

□ **movie director** 영화 감독
[múːvi diréktər] 무비 디렉터

□ **actor** 남자배우
[ǽktər] 액터

□ **musician** 음악가
[mjuːzíʃən] 뮤지션

□ **interpreter** 통역관
[intə́ːrpritər] 인터프리터

□ **mail carrier** 집배원
[méil kæriər] 메일캐리어

□ **salaried man** 월급쟁이
[sǽlərid mæn] 샐러리드맨

관련 단어

□ **housewife** [háuswàif] 하우스와이프 주부

□ **auditor** [ɔ́:ditər] 오디터 회계원

□ **banker** [bǽŋkər] 뱅커 은행원

□ **designer** [dizáinər] 디자이너 디자이너, 설계사

□ **novelist** [návəlist] 나벌리스트 소설가

Dialogue

A: What do you do(for a living)? 직업이 뭐예요?
B: I'm a college student. 대학생이에요.
A: What's your major? 전공이 뭔데요?
B: I major in business. 경영입니다.

Unit 02

job title 직위

□ **chairman(woman)** 회장
[tʃέərmən(wúmən)] 체어먼

□ **secretary** 비서
[sékrətèri] 쎄크러테리

□ **supervisor** 상사
[sú:pərvàizər] 수퍼바이저

□ **staff** 부하직원
[stæf] 스탭

□ **interviewer** 면접관
[íntərvjùːər] 인터뷰어

□ **interviewee** 면접 받는 사람
[íntərvjùːíː] 인터뷰이

□ **colleague** 동료(직원)
[káliːg] 컬릭

162

관련 단어

- **president** [prézidənt] 프레지던트 /
  CEO (chief executive officer) [si:i:ou] 씨이오우 사장, 대표
- **director** [diréktər] 디렉터 중역
- **executive director** [igzékjətiv-] 익제큐티브 디렉터 전무
- **managing director** [mǽnidʒiŋ-] 매니징 디렉터 상무
- **chief (director)** [tʃi:f (diréktər)] 칩 부장
- **(general) manager** [(ʤénərəl) mǽnidʒər] 매니저 과장
- **assistant manager** [əsístənt mǽnidʒər] 어시스턴트 매니저 대리
- **mere clerk** [miər klə:rk] 미어 클럭 평사원
- **newcomer** [njú:kʌmər] 뉴커머 신입사원
- **adviser** [ædváizər] 애드바이저 고문

- **headquarter** [hédkwɔ:rtər] 헤드쿼터 본사
- **branch** [bræntʃ] 브랜취 지사

Unit 03

work 근로

□ **promotion** 승진
[prəmóuʃən] 프로모우션

□ **resignation** 사직
[rèzignéiʃən] 레직네이션

□ **business trip** 출장
[bíznis trip] 비즈니스 추립

□ **conference** 회의(=meeting)
[kánfərəns] 컨퍼런스

□ **day off** 휴가
[dei ɔːf] 데이오프

□ **pension** 연금
[pénʃən] 펜션

관련 단어

- **interview** [íntərvjùː] 인터뷰 면접
- **resume** [rèzuméi] 레주메이 이력서
- **employment** [emplɔ́imənt] 엠플로이먼트 채용
- **commuting** [kəmjúːtiŋ] 커뮤팅 출퇴근
- **working hours** 워킹아워즈 근무시간
- **retirement** [ritáiərmənt] 리타이어먼트 은퇴
- **bonus** [bóunəs] 보우너스 보너스
- **salary** [sǽləri] 샐러리 임금(=paycheck)
- **pay day** 페이데이 월급날
- **absence** [ǽbsəns] 앱슨스 결근
- **sick leave** [sík lìːv] 식 리브 질병으로 결근, 병가

- **annual salary system** [ǽnjuəl sǽləri sístəm] 애뉴얼 샐러리 시스템 연봉제
- **negotiation** [nigòuʃiéiʃən] 니고우쉬에이션 협상
- **full-time job** [fúltáim dʒɑb] 풀타임잡 정규직
- **part-time job** [páːrtàim dʒɑb] 파타임잡 아르바이트, 계약직
- **freelancing** [fríːlænsiŋ] 프리랜싱 자유직
- **freelancer** [fríːlænsər] 프리랜서 자유직 종사자

Unit 03 work ▶▶▶

관련 단어

- take a day off 하루 결근하다
- come in late 지각하다
- be absent 결근(결석)하다
- work overtime 잔업하다
- take a break 잠시 휴식하다
- get a job 취직하다
- get a raise 월급이 오르다
- be in charge of ~을 담당하다
- leave one's office 퇴사하다

Q: What is the difference between bears and officials?
A: Bears only sleep in winter.

Q: 곰과 공무원의 차이점은?
A: 곰은 겨울에만 잠을 잔다.

Q: Do you know the word of a rare liquid?
A: Sweat of officials.

Q: 희귀한 액체라는 말을 아세요?
A: 공무원의 땀입니다.

→ liquid 액체   sweat 땀
→ 이것은 한국과 무관한 미국의 유명한 조크이오니 오해 없으시길...

Unit 04

office 사무실

□ **office table** 사무책상
[ɔ́(:)fis téibl] 오피스 테이블

□ **computer** 컴퓨터
[kəmpjúːtər] 컴퓨터

□ **laptop** 노트북 컴퓨터
[lǽptɑ̀p] 랩탑

□ **copier** 복사기
[kápiər] 카피어

□ **fax machine** 팩스기
[fæks məʃíːn] 팩스 머신

□ **calendar** 달력
[kǽləndər] 캘린더

□ **calculator** 계산기
[kǽlkjəlèitər] 캘큘레이터

167

Unit 04 office ▶▶▶

□ **telephone** 전화기
[téləfòun] 텔러폰

□ **mobile phone** 휴대폰(=cellular phone)
[móubail foun] 모우바일폰

□ **portable phone** 무선전화기
[pɔ́ːrtəbəl foun] 포터블 폰

□ **schedule book** 다이어리(=day planner)
[skédʒu(ː)l buk] 스케줄북

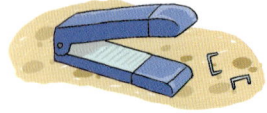

□ **stapler** 호치키스
[stéiplər] 스테이플러

□ **staple** 호치키스 침
[stéipəl] 스테이펄

□ **thumbtack** 압정
[θʌ́mtæk] 섬택

□ **picture frame** 액자
[píktʃər freim] 픽춰 프레임

관련 단어

- **marker** [máːrkəːr] 마커 **매직펜**
- **ball-point pen** [bɔ́ːlpɔ̀int pen] 볼포인트펜 **볼펜**
- **felt-tip pen** [félttìp pen] 펠팁펜 **사인펜**
- **whiteout** [hwáitàut] 와잇아웃 **수정액**
- **mechanical pencil** [məkǽnikəl pénsəl] 머케니컬펜슬 **샤프펜**
- **highlighter** [háilàitər] 하일라이터 **형광펜**

- **office supplies** [-səpláiz] 오피스 서플라이즈 **사무비품**
- **packing tape** [pǽkiŋ teip] 패킹테입 **박스테입**
- **partition** [pɑːrtíʃən] 파티션 **파티션, 칸막이**
- **folder** [fóuldəːr] 폴더 **서류철**

Dialogue

A: It is pissing me off! 짜증나 죽겠어!

B: What happen? 무슨 일이야?

A: This printer is jammed again. This is forth time today.
프린터에 또 종이가 끼었네. 이게 오늘로 4번째네.

B: How may copies do you need to make? 몇 장을 복사해가야 하는데?

A: Twenty. Can I use your printer? 20장. 네 프린터 좀 사용해도 될까?

B: Yea, go ahead. 응. 사용해도 돼.

→ piss off 화나게 하다

computer 컴퓨터

□ **monitor** 모니터
[mánitər] 마니터

□ **keyboard** 키보드
[kíːbɔ̀ːrd] 키보드

□ **mouse** 마우스
[maus] 마우스

□ **laptop** 노트북 컴퓨터
[lǽptàp] 랩탑

□ **printer** 프린터
[príntər] 프린터

□ **scanner** 스캐너
[skǽnəːr] 스캐너

❶ □ **system board** [sístəm bɔːrd] 시스템보드 마더보드

❷ □ **CPU**(central processing unit)
[séntrəl prásesiŋ júːnit] 센트럴 프라세싱 유닛 CPU

❸ □ **hard disk** [hɑːrd disk] 하드디스크 하드디스크

관련 단어

- **cursor** [kə́ːrsər] 커서 커서
- **icon** [áikɔn] 아이콘 아이콘
- **click** [klik] 클릭 클릭
- **double click** [dʌ́bl klik] 더블클릭 더블클릭
- **drag and drop** [dræg ænd drɔp] 드래그 앤 드롭 드래그앤드롭
- **install** [instɔ́ːl] 인스톨 설치하다
- **backup** [bǽkʌ̀p] 백업 백업
- **sort** [sɔːrt] 소트 정렬시키다
- **boot** [buːt] 부트 전원을 켜다
- **initialize** [iníʃəlàiz] 이니셜라이즈 초기화하다
- **freeze up** [friːz ʌp] 프리즈업 다운되다

Joke

★ Computer users are divided into three types: Novice, Intermediate and Expert.

Novice Users - People who are afraid that simply pressing a key might break their computer.
Intermediate Users - People who don't know how to fix their computer after they've just pressed a key that broke it.
Expert Users - People who press the keys that break other people's computers.

★ 컴퓨터 사용자는 3가지로 분류된다. 즉 초보, 보통, 고수.

초보는 컴퓨터 키를 하나 잘못 누르기만 해도 컴퓨터가 망가질까봐 걱정하는 사람.
보통은 키를 잘못 눌러 망가뜨린 다음 컴퓨터를 고칠 수 없는 사람.
고수는 몇 개 키를 눌러 다른 이들의 컴퓨터를 망가뜨릴 수 있는 사람.

Unit 06

internet 인터넷

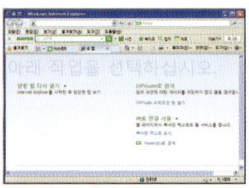

□ **browser** 인터넷을 보여주는 프로그램
(인터넷 익스플로러)
[bráuzər] 브라우저

□ **domain** 인터넷 주소
[douméin] 도메인

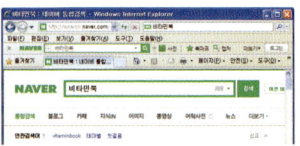

□ **surf** 인터넷 검색을 하다, 파도타기 하다
[sə:rf] 서프

□ **homepage** 홈페이지
[hóumpèidʒ] 홈페이지

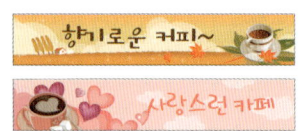

□ **banner** 띠 모양의 광고
[bǽnər] 배너

□ **download**
통신망을 통해 개인이 파일을 내려받는 것
[dáunlòud] 다운로드

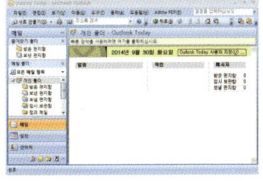
- **email** 이메일(electronic mail)
  [íːmèil] 이메일

- **inbox** 받은 편지함
  [ínbàks] 인박스

- **font** 글꼴
  [fɔnt] 폰트

굴림체
견고딕
궁서체
명조체

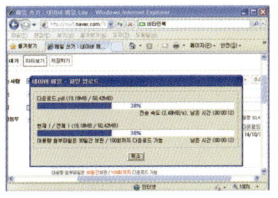
- **attachment** 첨부
  [ətǽtʃmənt] 어태취먼트

- **internet addiction** 인터넷 중독
  (=on-line addiction)
  [íntərnèt ədíkʃən] 인터넷 어딕션

Unit 06 Internet ▶▶▶

관련 단어

- **site** [sait] 사이트 홈페이지, website의 준말
- **portal site** 포털사이트 다양한 정보를 제공하는 사이트(예: yahoo, naver, empas 등)
- **blog** [bláːg] 블로그 블로그(web log)
- **outbox** [àutbáks] 아웃박스 보낸 편지함(=sent items)
- **BBS (bulletin board system)** [biː biː es] 비비에스 게시판
- **bug** [bʌg] 벅 프로그램의 오류, 결함
- **cookie** [kúki] 쿠키 인터넷 임시 저장 파일
- **ethernet** [íːθərnèt] 이더넷 랜선으로 연결하여 인터넷으로 접속하는 방법
- **FAQ (frequently asked questions)** 자주 묻는 질문
- **fire wall** [faiər wɔːl] 파이어 월 방화벽
- **lan (local area network)** 랜 근접 통신망
- **on-line** [ɔːn lain] 온라인 온라인
- **reply** [riplái] 리플라이 대답, 댓글
- **router** [ráutəːr] 라우터 라우터(2개 이상의 컴퓨터를 연결시켜주는 기계)
- **jpeg (joint photographic experts grop)** 사진 확장명
- **gif (graphic interchange format)** 사진 확장명

인터넷 용어

@ = at 골뱅이
luv = love 사랑
u = you 너
dis = this 이것
dat = that 저것
c = see 보다
r = are 이다
2 = to ~로
n = and 그리고
b4 = before 이전
ur = your 너의
u r = you are 너는...
ya, yea, ye, yah, yup = yes 응.
nah, nope = no 아니.
q = question 질문

bday = birthday 생일
wnt = want 원하다
whatcha = what are you 너는 뭘...
d/l = download 다운로드
huh = what? 뭐라고?
yo = hey 이봐.
thx = thanks 고마워.
btw = by the way 그건 그렇고...
nvm = never mind 신경쓰지마.
np = no problem 문제없어.
enuf = enough 충분한
bf = boyfriend 남친
gf = girlfriend 여친
j/k = just kidding 그냥 농담
omg = oh my god 세상에!

Joke

★ My kids love going to the Web, and they keep track of their passwords by writing them on Post-it notes. I noticed their Disney password was "MickeyMinnieGoofyPluto," and asked why it was so long.
"Because," my son explained, "they say it has to have at least four characters."

★ 인터넷하기를 좋아하는 우리 아이들은 비밀번호를 잊지 않으려고 포스트잇에 메모해 둔다. 디즈니 사이트 비밀번호를 보니 '미키미니구피플루토' 라고 적혀있는 게 아닌가. 왜 그렇게 길게 했냐고 물었더니 아들 왈,
"적어도 4개 인물(글자)로 해야 한다고 되어 있어서요."

Unit 07
communication 의사소통

□ **conversation** 대화
[kùnvərséiʃən] 칸버세이션

□ **greeting** 인사
[gríːtiŋ] 그리팅

□ **close friend** 친밀한 친구
[klouz frend] 클로우즈 프렌드

□ **gesture** 몸짓, 의사표현
[ʤéstʃər] 제스춰

□ **argument** 언쟁
[áːrgjəmənt] 아규먼트

□ **apology** 사과
[əpálədʒi] 어팔러지

관련 단어

- **accent** [ǽksent] 액센트 말투
- **dialect** [dáiəlèkt] 다이얼렉트 사투리
- **invitation** [ìnvətéiʃən] 인바이테이션 초대
- **topic** [tápik] 타픽 화제, 주제
- **relationship** [riléiʃənʃìp] 릴레이션쉽 관계
- **co-worker** [kóuwə̀ːrkər] 코우워커 동료
- **attitude** [ǽtitjùːd] 애티튜드 태도
- **opinion** [əpínjən] 오피니언 의견
- **introduction** [ìntrədʌ́kʃən] 인트러덕션 소개
- **meeting** [míːtiŋ] 미팅 모임
- **positive** [pázətiv] 파저티브 긍정적인
- **negative** [négətiv] 네거티브 부정적인
- **deal** [diːl] 디일 거래
- **contract** [kántrækt] 칸트랙트 계약
- **pros and cons** 프로즈 앤 콘즈 찬성과 반대
- **insist** [insíst] 인시스트 주장하다
- **explain** [ikspléin] 익스플레인 설명하다

연습문제

Self Test

1 다음 그림을 영단어와 연결시키세요.

·　　　　　·　　　　　·　　　　　·　　　　　·

·　　　　　·　　　　　·　　　　　·　　　　　·

cook　　　singer　　　farmer　　　actor　　　teacher

2 다음 단어를 우리말 혹은 영어로 옮기시오.

a) chairman _____   secretary _____   신입사원 _____
   interviewer _____   mere clerk _____
b) commuting _____   월급 _____   보너스 _____
   freelancer _____   promotion _____

3 다음 보기에서 영단어를 골라 넣으시오.

| a) calculator　copier　stapler　whiteout　marker |
| b) install　cursor　sort　mouse　monitor |

a) 호치키스 _____　　수정액 _____　　복사기 _____
   계산기 _____　　마커 _____

b) 정렬시키다 _____　설치하다 _____　모니터 _____
   마우스 _____　　커서 _____

4 다음 단어를 우리말 혹은 영어로 옮기시오.

a) 배너 _____   domain _____   온라인 _____
홈페이지 _____   이메일 _____

b) accent _____   invitation _____
   conversation _____   opinion _____
   apology _____

5 다음 빈칸에 알맞은 단어를 넣으시오.

a) Today I have a job _____. 오늘 구직 면접이 있다.
b) Sometimes my computer _____ ____. 내 컴퓨터는 가끔 다운된다.
c) Please make a _____ of this. 이거 한 장만 복사해줘요.
d) Send your _____ by e-mail. 이메일로 이력서를 보내주세요.

1 요리사-cook   가수-singer   농부-farmer   교사-teacher   남자배우-actor
2 a) 회장 - 비서 - newcomer- 면접관 - 평사원
   b) 출퇴근 - salary 혹은 pay - bonus - 프리랜서 - 승진
3 a) stapler   whiteout   copier   calculator   marker
   b) sort   install   monitor   mouse   cursor
4 a) banner - 인터넷 주소 - on-line - homepage - e-mail
   b) 말투 - 초대 - 대화 - 의견 - 사과
5 a) interview   b) freezes up   c) copy   d) resume

THEMATIC ENGLISH WORDS

Theme 7
→ shopping 쇼핑

Unit 01 mall   쇼핑센터
Unit 02 food court   식품 매장
Unit 03 dress shop   의류점
Unit 04 women's wear   여성복
Unit 05 shoes & etc.   신발과 기타
Unit 06 cosmetics   화장품
Unit 07 electric home appliances   가전제품
Unit 08 jewelry store   귀금속점
Unit 09 bakery & cake shop   빵집과 제과점

mall 쇼핑센터

□ **cashier** 계산원
[kǽʃíər] 캐쉬어

□ **cash register** 계산대
[kǽʃ rédʒəstə:r] 캐쉬 레지스터

□ **shopping cart** 쇼핑카트
[ʃápiŋ kɑ:rt] 샤핑 카트

□ **clerk** 점원
[klə:rk] 클럭

□ **customer** 고객
[kʌ́stəmər] 커스터머

□ **change** 잔돈
[tʃeindʒ] 체인지

□ **cash** 현금
[kæʃ] 캐쉬

□ **cheque** 수표
[tʃek] 체크

관련 단어

- **counter** [káuntər] 카운터 ~코너
- **bar code** [bɑːr koud] 바코드 바코드
- **scanner** [skǽnəːr] 스캐너 스캐너 (바코드에 갖다대는 기구)
- **note** [nout] 노트 지폐(=bill)
- **coin** [kɔin] 코인 동전
- **credit card** [krédit kɑːrd] 크레딧 카드 신용카드

- **window shopping** [wíndou ʃápiŋ] 윈도샤핑 아이쇼핑
- **brand** [brænd] 브랜드 상표
- **gift** [gift] 기프트 선물
- **wrap** [ræp] 랩 포장하다
- **coupon** [kjúːpɑn] 큐판 쿠폰, 할인권
- **price tag** [prais tæg] 프라이스 택 정가표
- **refund** [ríːfʌnd] 리펀드 환불

Unit 01 mall ▶▶▶

☐ **men's wear** 남성복
[ménzwέər] 맨즈웨어

☐ **women's wear** 여성복
[wíminzwέər] 위민즈 웨어

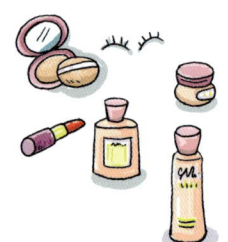

☐ **beauty** 화장품 (=cosmetics)
[bjú:ti] 뷰티

☐ **stationery** 문방구
[stéiʃənèri] 스테이셔너리

☐ **toys** 완구류
[tɔiz] 토이즈

□ **kitchen ware** 주방용품
[kítʃin wɛəːr] 키친웨어

□ **food court** 식품 매장
[fuːd kɔːrt] 푸드 코트

□ **electrical goods** 전자제품
[iléktrikəl gudz] 일렉트리컬 굿즈

□ **home furnishings** 가구
[houm fə́ːrniʃiŋz] 홈 퍼니싱즈

□ **accessories** 잡화
[æksésəriz] 액세서리즈

□ **jewelry** 보석
[dʒúːəlri] 주얼리

food court 식품 매장

□ **bread** 빵
[bred] 브레드

□ **rice** 쌀
[rais] 라이스

□ **canned food** 통조림
[kænd fu:d] 캔드 푸드

□ **egg** 계란
[eg] 엑

□ **fruits** 과일
[fru:ts] 프루츠

□ **vegetable** 야채
[védʒətəbl] 베지터블

□ **milk** 우유
[milk] 밀크

□ **ice cream** 아이스크림
[ais kri:m] 아이스크림

□ **juice** 주스
[dʒu:s] 주스

□ **soft drink** 탄산음료
[sɔ(:)ft driŋk] 소프트드링크

□ **ketchup** 케첩
[kétʃəp] 케첩

□ **salt** 소금
[sɔːlt] 솔트

□ **sugar** 설탕
[ʃúgər] 슈거

관련 단어

□ **beverage** [bévəridʒ] 비버리지 음료수

□ **snacks** [snæks] 스낵스 과자

□ **frozen food** [fróuzən fuːd] 프로즌 푸드 냉동식품

□ **oil** [ɔil] 오일 식용유

□ **flour** [flauər] 플라워 밀가루

□ **mustard** [mʌ́stəːrd] 머스터드 겨자

□ **soy sauce** [sɔi sɔːs] 소이소스 간장

□ **spice** [spais] 스파이스 조미료

□ **vinegar** [vínigər] 비니거 식초

□ **energy drink** [énərdʒi driŋk] 에너지드링크 에너지드링크

A: We forgot to get milk! 우유 사는 걸 깜빡했네!

B: Don't worry. I will get it. Where is it?
걱정 마. 내가 가져올게. 어디에 있더라?

A: In the dairy section right there. 저쪽 유제품 코너에 있어.

dress shop 의류점

☐ **dress shirt** 와이셔츠
[drés ʃəːrt] 드레스 셔트
* 와이셔츠라는 말은 일본에서 만든 말

☐ **t-shirt** 티셔츠
[tíːʃəːrt] 티셔트

☐ **polo shirt** 폴로티
[póulou ʃəːrt] 폴로셔트

☐ **jacket** 상의
[dʒǽkit] 재킷

☐ **sweater** 스웨터
[swétər] 스웨터

☐ **pants** 바지(=trousers)
[pænts] 팬츠

☐ **(blue) jeans** 청바지
[dʒíːnz] 진즈

□ **shorts** 반바지
[ʃɔ́ːrts] 쇼츠

□ **jumper** 점퍼
[dʒʌ́mpər] 점퍼

□ **suit** 정장
[súːt] 수트

□ **tuxedo** 턱시도
[tʌksíːdou] 턱시도

□ **sweat suit** 추리닝
[swet suːt] 스웻수트

□ **underpants** 팬티
[ʌ́ndərpæ̀nts] 언더팬츠

Unit 03 dress shop ▶▶▶

관련 단어

- **fitting room** [fítiŋ ru:m] 피팅룸 가봉실
- **blazer** [bléizər] 블레이저 상의
- **vest** [vest] 베스트 조끼
- **underwear** [ʌ́ndərwèər] 언더웨어 속옷
- **casual wear** [kǽʒuəl wɛə:r] 캐주얼웨어 평상복
- **rain coat** [rein kout] 레인코우트 우비
- **overalls** [óuvərɔ̀:lz] 오버롤즈 멜빵작업복
- **ski jumper** [ski: dʒʌ́mpər] 스키점퍼 스키복

- **tight** [tait] 타이트 꼭 끼는, 빽빽한
- **loose** [lu:s] 루스 헐거운, 헐렁한
- **well-dressed** [wéldrést] 웰드레스트 잘 차려입은

- **round neck** [raund nek] 라운드넥 목 부위가 둥근 것
- **v-neck** [vi: nek] 뷔넥 목 부위가 V자형인 것
- **collar** [kálər] 칼러 옷깃
- **button** [bʌ́tn] 버튼 단추
- **cuff** [kʌf] 커프 소매
- **pocket** [pákit] 파킷 주머니

- □ lining [láiniŋ] 라이닝 안감
- □ zipper 지퍼 지퍼 *작쿠라는 말은 한국과 일본에서만 사용됨.
- □ unzip 언집 지퍼를 열다
- □ hanger [hǽŋər] 행거 옷걸이

- □ put on a tie 넥타이를 매다
- □ try on 입어보다
- □ take off 벗다

Dialogue

A : How can I help you?
무엇을 도와드릴까요?

B : I'm looking for a sweater.
스웨터를 찾고 있는데요.

A : I recommend this. It's very new.
이건 어떠세요? 신상품이에요.

B : Do you have this in black?
이걸로 검은색 있나요?

A : Sorry. It's all gone.
죄송합니다. 다 팔렸네요.

→ looking for st : ~을 찾다   new 갓 나온, 신상품의   be all gone : 다 팔리다

women's wear 여성복

□ **skirt** 치마
[skəːrt] 스커트

□ **blouse** 블라우스
[blaus] 블라우스

□ **evening dress** 야회복
[íːvniŋ dres] 이브닝드레스

□ **dress** 원피스
[dres] 드레스

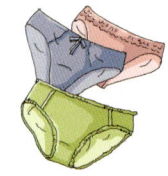

□ **knickers** 여성팬티
[níkərz] 닉커스

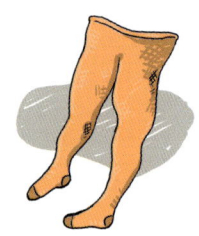

□ **pantyhose** 팬티스타킹
[pǽntihòuz] 팬티호우즈

□ **bra** 브래지어
[brɑː] 브라

□ **swimming suits** 수영복
[swímiŋ suːts] 스위밍 수츠

관련 단어

- **slip** [slip] 슬립 슬립
- **nightdress** [náitdrès] 나잇드레스 여성 잠옷
- **negligee** [négliʒèi] 네글리제 네글리제, 실내복
- **suspenders** [səspéndərz] 서스펜더즈 가터(garters)
- **shoulder pad** [ʃóuldəːr pæd] 숄더패드 어깨패드
- **knee-length** [niː leŋkθ] 니렝쓰 무릎길이의
- **sleeveless** [slíːvlis] 슬리브리스 민소매의

- **stockings** [stákiŋ] 스타킹즈 스타킹
- **necklace** [néklis] 넥리스 목걸이
- **bracelet** [bréislit] 브레이스릿 팔찌
- **earring** [íərìŋ] 이어링 귀걸이
- **brooch** [broutʃ] 브로치 브로치
- **waistband** [wéistbæ̀nd] 웨이스트밴드 허리띠

Unit 05
shoes & etc. 신발과 기타

□ **(high) heels** 하이힐
[(hai)hí:lz] 힐즈

□ **sneakers** 운동화
[sní:kə:rz] 스니커즈

□ **boots** 부츠
[bu:ts] 부츠

□ **leather shoes** 구두
[léðə:r ʃu:z] 레더 슈즈

□ **socks** 양말
[saks] 삭스

관련 단어

□ **sandals** [sǽndlz] 샌들즈 샌들

□ **flip-flops** [flípflàps] 플립플랍스 고무샌들

□ **mountain boots** [máuntən bu:ts] 마운틴부츠 등산화

□ **shoelace** [-lèis] 슈레이스 구두끈

□ **shoehorn** [-hɔ̀:rn] 슈혼 구두주걱

□ **shoe cabinet** [-kǽbənit] 슈 캐비닛 신발장

□ **hat** 모자
[hæt] 햇

□ **cap** 모자(챙 달린 것)
[kæp] 캡

□ **gloves** 장갑
[glʌvz] 글러브즈

□ **mittens** 벙어리장갑
[mítnz] 미튼즈

□ **tie** 넥타이
[tai] 타이

□ **scarf** 스카프
[skɑːrf] 스카프

□ **handkerchief** 손수건
[hǽŋkərtʃif] 행커칩

관련 단어

□ **bowtie** [bóutái] 보우타이 **나비넥타이**

□ **ear muffs** [iər mʌfs] 이어 머프스 **귀마개**

□ **belt** [belt] 벨트 **벨트**

cosmetics 화장품

□ **tonic lotion** 스킨
[tɔ́nik lóuʃən] 토닉로션

□ **toner** 로션
[tóunəːr] 토우너

□ **facial cream** 영양크림
[féiʃəl kriːm] 페이셜크림

□ **makeup** 화장
[méikʌ̀p] 메이컵

□ **sponge** 스펀지
[spʌndʒ] 스펀쥐

□ **foundation** 파운데이션
[faundéiʃən] 파운데이션

□ **mascara** 마스카라
[mæskǽrə] 매스커러

□ **false eyelashes** 가짜속눈썹
[fɔ:ls aílæʃ] 폴스 아이래쉬즈

□ **lipstick** 립스틱
[lípstìk] 립스틱

□ **perfume** 향수
[pə́:rfju:m] 퍼퓸

□ **nail polish** 매니큐어
[neil páliʃ] 네일팔리시

□ **put on makeup** 화장하다

□ **comb one's hair** 머리를 빗다

Unit 06 cosmetics ▶▶▶

관련 단어

- **powder** 분(가루)
- **lip gloss** [lip glɔːs] 립글로스 입술화장품
- **blusher** [blʌʃər] 블러셔 볼터치
- **eye shadow** [ai ʃǽdou] 아이세도우 아이섀도
- **skin care** [skin kɛər] 스킨케어 피부 미용관리
- **mousse** [muːs] 무스 무스

- **bobby pin** 머리핀
- **hair ornament** 머리 장식
- **pencil one's eyebrows** 눈썹을 그리다
- **put on lipstick** 입술을 칠하다
- **blow-dry** 드라이어로 머리를 말리다
- **put rouge on one's cheeks** 볼 연지를 바르다

★ Joe's wife bought a new line of expensive cosmetics guaranteed to make her look years younger. After a lengthy sitting before the mirror applying the "miracle" products she asked, "Darling, honestly what age would you say I am?"
Looking over her carefully, Joe replied, "Judging from your skin, twenty; your hair, eighteen; and your figure, twenty-five."
"Oh, you flatterer!" she gushed.
"Hey, wait a minute!" Joe interrupted. "I haven't added them up yet."

★ 조의 아내는 몇 살 젊게 보이게 한다는 호화 화장품 세트를 샀다. 거울 앞에서 그 '기적의 제품'을 여러 시간 바른 다음 묻는다. "여보, 솔직히 내가 몇 살로 보여?"
조심스럽게 살펴보더니 조가 대답한다. "피부를 보면 스무살, 머리를 보면 열여덟, 그리고 얼굴을 보면 스물다섯이야."
"당신도 참 아부쟁이라니까." 아내가 우쭐해했다.
"이봐, 아직이야. 난 아직 그 나이들을 합하지 않았다구!"

→ lengthy 지루한, 오랜   flatter 아부하다   interrupt (말을) 가로막다

electric home appliances 가전제품

□ **TV set** 텔레비전
[tíːvíː set] 티비셋

□ **camcorder** 동영상카메라
[kǽmkɔ̀ːrdər] 캠코더

□ **telephone** 전화기
[téləfòun] 텔러폰

□ **air conditioner** 에어컨
[ɛər kəndíʃənər] 에어컨디셔너

□ **electric fan** 선풍기
[iléktrik fǽn] 일렉트릭 팬

□ **CD player** CD플레이어
[síːdíː pléiər] 씨디플레이어

□ **stereo system** 오디오시스템
[stériòu sístəm] 스테레오 시스템

200

□ **blender** 믹서기
[bléndər] 블렌더

□ **gas stove** 가스레인지(=gas oven)
[gæs stouv] 개스스토브

□ **iron** 다리미
[áiərn] 아이런

□ **washing machine** 세탁기
[wɔ́(:)ʃiŋ məʃí:n] 워싱 머신

관련 단어

□ **humidifier** [hju:mídəfàiər] 휴미디파이어 가습기
□ **dishwasher** [díʃwàʃər] 디쉬와셔 식기세척기
□ **cassette player** (녹음[비디오] 테이프용) 카세트 플레이어

□ **turn on** 켜다
□ **turn off** 끄다

 Unit 08

jewelry store 귀금속점

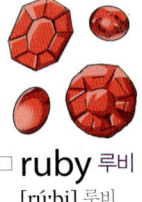

□ **ruby** 루비
[rúːbi] 루비

□ **sapphire** 사파이어
[sǽfaiəːr] 쌔파이어

□ **emerald** 에메랄드
[émərəld] 에머럴드

□ **pearl** 진주
[pəːrl] 펄

□ **crystal** 수정(같은)
[krístl] 크리스털

□ **jade** 옥
[dʒeid] 제이드

□ **diamond** 다이아몬드
[dáiəmənd] 다이어먼드

관련 단어

□ **gold** [gould] 골드 금

□ **silver** [sílvəːr] 실버 은

□ **amber** [ǽmbər] 앰버 호박

□ **coral** [kɔ́ːrəl] 코럴 산호

□ **topaz** [tóupæz] 토파즈 토파즈

- □ **jewelry** [dʒúːəlri] 쥬얼리 보석
- □ **birthstone** [bə́ːrθstòun] 버쓰스톤 탄생석
- □ **imitation** [ìmətéiʃən] 이머테이션 모조품(=fake)
- □ **precious metal** [préʃəs métl] 프레셔스 메틀 귀금속

- □ **gold-plated** [gould pléitid] 골드 플레이팃 금도금된
- □ **golden** [góuldən] 고울든 금으로 만든
- □ **real** [ríːəl] 리얼 진짜의
- □ **fake** [feik] 페이크 가짜의

★ What men and women like best for Valentine's Day:
 WOMEN : Jewelry
 MEN : Reassurance that their taste in jewelry doesn't suck

★ 발렌타인데이에 남녀가 가장 원하는 것은?
 여자 : 보석
 남자 : 보석을 고르는 자기 취향이 녹슬지 않았다는 확신

→ reassurance 자신감, 확신   suck 빨다, (속어) 품질이 떨어지다

bakery & cake shop 빵집과 제과점

□ **chocolate** 초콜릿
[tʃákəlit] 차컬릿

□ **sweets** 사탕
[swi:ts] 스위츠

□ **caramel** 캬라멜
[kǽrəməl] 캐러멜

□ **cookies** 비스킷(=biscuits)
[kúkiz] 쿠키즈

□ **potato chips** 감자칩
[pətéitou tʃips] 포테이토칩스

□ **muffin** 머핀
[mʌ́fin] 머핀

□ **sponge cake** 카스테라
[spʌndʒ keik] 스펀지케익

□ **birthday cake** 생일케익
[bə́ːrθdèi keik] 버쓰데이케익

관련 단어

- **chewing gum** [tʃúːiŋ gum] 추잉검 껌
- **mint** [mint] 민트 박하사탕
- **pastry** [péistri] 페이스트리 페이스트리
- **birthday candles** [bə́ːrθdèi kǽndlz] 버쓰데이 캔들즈 생일케익 초
- **decoration** [dèkəréiʃən] 데커레이션 장식
- **Popsicle** [pápsikəl] 팝시클 하드(손잡이가 있는 얼음과자)

- **slice** [slais] 슬라이스 빵조각(얇게 자른)
- **crust** [krʌst] 크러스트 빵껍질
- **loaf** [louf] 로우프 빵덩어리

Joke

Q: Why do we put candles on top of a birthday cake?
A: Because it's too hard to put them on the bottom!

Q : 생일케익 위에 초를 꽂는 이유는?
A : 케익 바닥에 꽂을 수는 없으니까.

A: Doctor, I get heartburn every time I eat birthday cake.
B: Next time, take off the candles.

A : 선생님, 생일케익을 먹을 때마다 속이 상합니다.
B : 다음부터는 초를 꽂지 마세요.

→ heartburn 가슴앓이, 질투

Self Test

1 다음 그림을 영단어와 연결시키세요.

cashier   change   note   clerk   customer

2 다음 보기에서 영단어를 골라 넣으시오.

a) cosmetics   stationery   jewelry   electrical goods
b) kitchen ware   bread   flour   fruits   salt   beverage

a) 문방구 _____   주방용품 _____   전자제품 _____
   보석 _____   화장품 _____

b) 밀가루 _____   소금 _____   음료 _____
   빵 _____   과일 _____

3 다음 단어를 우리말 혹은 영어로 옮기시오.

a) 스웨터 _____   바지 _____   반바지 _____
   조끼 _____   단추 _____

b) 치마 _____   스카프 _____   블라우스 _____
   목걸이 _____   귀걸이 _____

   c) sneakers _____   shoelace _____   mittens _____
      tie _____   socks _____
   d) perfume _____   makeup _____
      foundation _____ lipstick _____   blusher _____

4 다음 빈칸에 알맞은 단어를 넣으시오.

   a) Where is the _____? 리모컨은 어디 있니?
   b) Why don't you _____ __ the humidifier? 가습기를 켜시지 그래요?
   c) I want a rice cooker. 나는 _____을 갖고 싶다.
   d) Most of women like jewelry. 대부분의 여자들은 _____을 좋아한다.
   e) Is this a real diamond ring? 이게 _____ 반지인가요?
   f) I love her crystal eyes. 나는 그녀의 _____같은 눈을 사랑한다.
   g) My wife made a _____ ____ for me. 내 아내는 내게 생일케익을 만들었다.
   h) Children like sweets. 어린이는 _____을 좋아한다.

정답

1. 계산원–cashier   점원–clerk   고객–customer   잔돈–change   지폐–note
2. a) stationery   kitchen ware   electrical goods   jewelry   cosmetics
   b) flour   salt   beverage   bread   fruits
3. a) sweater   pants   shorts   vest   button
   b) skirt   scarf   blouse   necklace   earring
   c) 운동화   구두끈   벙어리장갑   넥타이   양말
   d) 향수   화장   화운데이션   립스틱   볼터치
4. a) remote control   b) turn on   c) 전기밥솥   d) 보석
   e) 진짜 다이아몬드   f) 수정   g) birthday cake   h) 사탕

THEMATIC ENGLISH WORDS

Theme 8
→ sports/hobbies 스포츠/취미

Unit 01	sports	스포츠
Unit 02	sports equipment	스포츠 기구
Unit 03	pool	수영장
Unit 04	gym	실내체육관
Unit 05	hobbies	취미
Unit 06	cards	카드게임
Unit 07	travel	여행
Unit 08	sunbath	일광욕
Unit 09	TV	티비
Unit 10	movie	영화
Unit 11	concert	연주회
Unit 12	amusement park	놀이공원

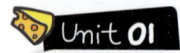

sports 스포츠

개인 스포츠

□ **bowling** 볼링
[bóuliŋ] 볼링

□ **cycling** 사이클
[sáikliŋ] 사이클링

□ **jogging** 조깅
[dʒágiŋ] 좌깅

□ **skiing** 스키
[skíːiŋ] 스키잉

□ **golf** 골프
[galf] 갈프

□ **surfing** 서핑
[sə́ːrfiŋ] 서핑

□ **pool** 당구
[puːl] 풀

□ **tennis** 테니스
[ténis] 테니스

□ **boxing** 권투
[báksiŋ] 박싱

□ **walking** 걷기(산책)
[wɔ́ːkiŋ] 워킹

□ **fishing** 낚시
[fíʃiŋ] 피싱

관련 단어

□ **ping-pong** [píŋpɑ̀ŋ] 핑팡 탁구

□ **horseback riding** [hɔ́ːrsbæ̀k ráidiŋ] 호스백 라이딩 승마

□ **skate boarding** [skeitbɔ́ːrdiŋ] 스케이트보딩 스케이트보드 타기

□ **sky diving** [skai dáiviŋ] 스카이다이빙 스카이다이빙

□ **scuba diving** [skjúːbə dáiviŋ] 스쿠버다이빙 스쿠버다이빙

□ **snowboarding** [snoubɔ́ːrdiŋ] 스노보딩 스노보드 타기

□ **work out** [wəːrk aut] 워크아웃 헬스운동(=weight lifting)

Unit 01 sports ▶▶▶

> 단체 스포츠

□ **soccer** 축구
[sákə:r] 사커

□ **baseball** 야구
[béisbɔ̀:l] 베이스볼

□ **basketball** 농구
[bǽskitbɔ̀:l] 배스킷볼

□ **volleyball** 배구
[válibɔ̀:l] 발리볼

□ **rafting** 래프팅
[rǽftiŋ] 래프팅

관련 단어

- □ **hockey** [háki] 하키 하키
- □ **American football** [əmérikən fútbɔ̀ːl] 어메리컨풋볼 미식축구
- □ **handball** [hǽndbɔ̀ːl] 핸드볼 핸드볼
- □ **rugby** [rʌ́gbi] 럭비 럭비
- □ **softball** [sɔ́ːftbɔ̀ːl] 소프트볼 소프트볼

★ Brian is late at school.
Teacher : "Why are you late today, Brian?"
Brian : "I dreamed about a soccer game!"
Teacher : "This is no reason for being late!"
Brian : "Oh yes, it is! This was the Champions League finale and after 90 minutes there was an extra time and penalty shooting!"

★ 브라이언이 학교에 지각했다.
교사 : 브라이언, 오늘 왜 지각했니?
브라이언 : 축구경기 꿈을 꿨어요.
교사 : 그건 지각한 이유가 되지 못하는데.
브라이언 : 아뇨, 맞아요. 꿈에 챔피언스리그 결승전을 했는데 90분 경기 후에 연장전에다가 승부차기까지 했으니까요.

Unit 02
sports equipment 스포츠 기구

□ **baseball** 야구공
[béisbɔ́ːl] 베이스볼

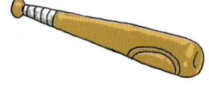
□ **bat** 배트
[bæt] 뱃

□ **glove** 글러브
[glʌv] 글러브

□ **mask** 마스크 (=face guard)
[mæsk] 매스크

□ **helmet** 헬멧
[hélmit] 헬밋

□ **tennis ball** 테니스공
[ténis bɔːl] 테니스볼

□ **racket** 라켓(테니스, 배드민턴)
[rǽkit] 래킷

☐ **soccer ball** 축구공
[sákəːr bɔːl] 사커볼

☐ **dumbbell** 아령
[dʌ́mbèl] 덤벨

관련 단어

☐ **shoulder pads** [ʃóuldəːr pæz] 숄더패즈 어깨 보호대

☐ **skates** [skeits] 스케이츠 스케이트

☐ **fishing rod** [fíʃiŋ rɑd] 피싱랏 낚싯대

☐ **bait** [beit] 베이트 미끼

☐ **stopwatch** [stɑ́pwɑ̀tʃ] 스탑위치 스톱워치

☐ **wetsuit** [wetsuːt] 웻수트 잠수복

☐ **flipper** [flípəːr] 플리퍼 물갈퀴, 오리발

☐ **air cylinder** [ɛər sílindəːr] 에어실린더 산소통

☐ **regulator** [régjəlèitəːr] 레귤레이터 호흡장치, 조절기

pool 수영장

□ **swimming** 수영
[swímiŋ] 스위밍

□ **stretch** 스트레칭
[stretʃ] 스트레춰

□ **tube** 튜브
[tju:b] 튜브

□ **dive stand** 점프대
[daiv stænd] 다이브스탠드

□ **dive** 다이빙(하다)
[daiv] 다이브

□ **swim(ming) suit** 수영복
[swim su:t] 스윔수트

□ **swim(ming) glasses(goggles)** 물안경
[swim glǽsiz] 스윔 글래시즈

관련 단어

- **lifeguard** [láifgà:rd] 라이프 가드 안전요원
- **water slide** [wɔ́:tər slaid] 워터슬라이드 미끄럼틀
- **swim(ming) cap** [swim kæp] 스윔캡 수영모
- **life-vest** [laifvest] 라이프베스트 구명조끼
- **cramp** [kræmp] 크램프 쥐, 경련
- **deep end** [di:p end] 딥엔드 깊은 곳

Joke

★ A beautiful woman walked into an orchard and found a lovely pool in it. She decided to go swimming. She looked around, didn't see anyone, and undressed. Just as she was about to dive in, the orchard owner appeared from behind the bush and told her that swimming was prohibited.
"You could have told me that before I undressed!"
"Swimming is prohibited, undressing isn't."

★ 예쁜 아가씨가 과수원에 들어가서 보니 멋진 웅덩이가 있는 것이 아닌가. 그녀는 수영하기로 결심하고 주위를 둘러보았는데 아무도 없어 옷을 벗었다. 막 물속으로 들어가려는 찰나 과수원 주인이 숲속에서 나타나 수영은 금지되어 있다고 말했다.
"댁은 내가 옷을 벗기 전에 말해줄 수도 있었잖아요!"
"수영은 금지지만 탈의는 금지가 아니거든요."

➜ orchard 과수원   undress 옷을 벗다   prohibit 금지하다

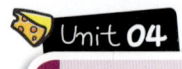

gym 실내체육관

□ **gym machine** 실내운동기구

[ʤim məʃíːn] 짐머신

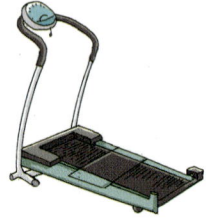

□ **treadmill** 러닝머신

[trédmìl] 트레드밀

□ **personal trainer** 개인코치

[pə́ːrsənəl tréinəː] 퍼스널추레이너

□ **barbell** 역기

[báːrbèl] 바벨

□ **weight lifting** 역기들기

[weit líftiŋ] 웨이트리프팅

□ **chin-up** 턱걸이

[tʃinʌp] 친업

□ **push-up** 팔굽혀펴기
[puʃʌp] 푸셥

□ **sit-up** 윗몸일으키기
[sitʌp] 싯업

관련 단어

□ **exercise bike** [éksərsàiz baik] 엑서사이즈 바이크 고정 사이클

□ **vest** [vest] 베스트 러닝셔츠

□ **aerobics** [ɛəróubiks] 에어로빅스 에어로빅

□ **rope-skipping** [roupskiping] 로프스키핑 줄넘기

□ **train** [trein] 추레인 단련하다

□ **warm-up** [wɔ́ːrmʌ̀p] 웜업 준비운동하다

hobbies 취미

□ **reading** 독서
[ríːdiŋ] 리딩

□ **astronomy** 천체관측
[əstránəmi] 어스트라너미

□ **model making** 모형제작
[mádl méikiŋ] 마들메이킹

□ **origami** 종이접기
오리가미

□ **pottery** 도예
[pátəri] 파터리

□ **embroidery** 자수
[embrɔ́idəri] 엠브로이더리

□ **knitting** 뜨개질
[nítiŋ] 니팅

관련 단어

- **photography** [fətágrəfi] 퍼타그러피 사진촬영
- **craft** [kræft] 크래프트 공예
- **cooking** [kúkiŋ] 쿠킹 요리
- **stamp collecting** [stæmp kəléktiŋ] 스탬프 컬렉팅 우표수집
- **jigsaw puzzle** [dʒígsɔ̀ː pʌ́zl] 직소퍼즐 조각퍼즐
- **painting** [péintiŋ] 페인팅 그림그리기
- **calligraphy** [kəlígrəfi] 컬리그러피 서예
- **go** [go] 고 바둑(=baduk)
- **chess** [tʃes] 체스 서양장기

A: What is your hobby?
취미가 뭐에요?

B: I like to paint pictures.
그림 그리는 걸 좋아해요.

→ like to : ~하기 좋아하다

cards 카드게임

□ **ace** 에이스(A)
[eis] 에이스

□ **king** 킹(K)
[kiŋ] 킹

□ **queen** 퀸(Q)
[kwiːn] 퀸

□ **jack** 잭(J)
[dʒæk] 잭

□ **joker** 조커(JOKER)
[dʒóukər] 조우커

□ **diamond** 다이어먼드(◆)
[dáiəmənd] 다이어몬드

□ **spade** 스페이드(♠)
[speid] 스페이드

□ **heart** 하트(♥)
[hɑːrt] 하트

□ **club** 클로버(♣)
[klʌb] 클럽

관련 단어

- **card** [kɑːrd] 카드 트럼프
- **pack of cards** [pǽk ʌv kɑːrdz] 팩어브 카즈 카드 한 벌
- **suit** [suːt] 수트 같은 짝의 패
- **bet** [bet] 벳 내기
- **turn** [təːrn] 턴 차례

- **win** [win] 윈 이기다
- **lose** [luːz] 루즈 지다
- **shuffle** [ʃʌfl] 셔플 카드를 섞다
- **deal** [diːl] 딜 카드를 배분하다

Joke

Q: What's the difference between a large cheese pizza and a poker player?

A: A large cheese pizza can feed a family of 4, a poker player can't.

Q : 큰 치즈피자와 포커도박꾼의 차이점은?

A : 큰 치즈피자는 4식구를 먹여살릴 수 있지만 포커도박꾼은 그렇지 못하다.

travel 여행

□ **sightseeing** 관광
[sáitsì:iŋ] 사잇씨잉

□ **tourist** 관광객
[túərist] 투어리스트

□ **night tour** 야간관광
[nait tuə:r] 나잇투어

□ **observatory** 전망대
[əbzə́:rvətɔ̀:ri] 옵저베이터리

□ **souvenir** 기념품
[sù:vəníə:r] 수버니어

□ **works of art** 예술품
[wə́:rks əv ɑ:rt] 웍스 오브 아트

관련 단어

- □ **day trip** [dei trip] 데이추립 **당일여행**
- □ **reservation** [rèzəːrvéiʃən] 레저베이션 **예약**
- □ **vacation** [veikéiʃən] 베이케이션 **휴가, 방학**
- □ **overseas travel** [óuvərsíː(z) trǽvəl] 오버씨즈 트레벌 **해외여행**
- □ **baggage** [bǽgidʒ] 배기지 **짐, 수하물**
- □ **cruise** [kruːz] 크루즈 **선박여행**
- □ **seasick** [síːsìk] 씨식 **뱃멀미**
- □ **historic site** [histɔ́(ː)rik sait] 히스토릭 사이트 **역사유적지**
- □ **must-see** [mʌst siː] 머스트씨 **꼭 봐야할 것**

★ Travel Agent Terms

Majestic setting	A long way from town, at end of dirt road.
Romantic	No Phone in room
No extra fees	No extras available
Nominal fee	Outrageous charge
Standard	Sub-standard
Deluxe	Barely Standard
Just Like Home	No Maid service

★ 여행사 용어 해석

훌륭한 주변 환경	시내에서 멀리 떨어진 비포장도로 끝에 위치한
낭만적인	방에 전화가 없는
추가 비용 없음	추가로 이용할 수 있는 것이 없음
명목상의 요금	과도한 요금
표준 수준의	표준 이하의
호화로운	간신히 보통수준의
내 집과 같은	여급 서비스가 없는

Sunbath 일광욕

① □ **sun** 태양
[sʌn] 썬

② □ **beach umbrella** 파라솔
[biːtʃ ʌmbrélə] 비치엄브렐러

③ □ **sunglasses** 선글라스
[sʌ́nglæ̀siz] 썬글래시즈

④ □ **sun bed** 일광욕용 침대
[sʌnbed] 썬베드

□ **sunscreen** 선탠로션
[sʌ́nskrìːn] 썬스크린

□ **seagull** 갈매기
[síːgʌ̀l] 씨걸

□ **wave** 파도
[weiv] 웨이브

□ **seashell** 조개
[síːʃèl] 씨쉘

관련 단어

- **sea** [si:] 씨 **바다**
- **beach** [bi:tʃ] 비취 **해안**(=coast)
- **sand** [sænd] 샌드 **모래**
- **beach ball** [bi:tʃ bɔ:l] 비치볼 **비치볼**
- **sunrise** [sʌ́nràiz] 썬라이즈 **일출**
- **sunset** [sʌ́nsèt] 썬셋 **일몰**

Dialogue

A : I'm getting crispy.
나는 익어가고 있어.

B : You wanna go inside?
안에 들어갈래?

A : Yea, let's go grab some food.
그래 뭐 좀 먹자.

→ get crispy : 바삭바삭해지다. 이 문장에선 피부가 바삭바삭해질 정도로 탔다는 내용
 tan : 태닝(선텐) 하다   grab some food : 음식을 사다, 먹으러 가다

Unit 09
TV 티비

□ **channel** 채널
[tʃǽnl] 채늘

□ **comedian** 개그맨
[kəmíːdiən] 코미디언

□ **narrator** 해설자
[nǽréitər] 내레이터

□ **talk show host(hostess)** 남자MC(여자)
[tɔːk ʃou houst(hóustis)] 톡쇼 호스트

□ **commercial** 광고 CF
[kəmə́ːrʃəl] 커머셜

□ **movie cartoon** 만화영화
[múːvi kɑːrtúːn] 무비카툰

□ **live coverage** 생중계
[laiv kʌ́vəridʒ] 라이브 커버리지

관련 단어

- **high-definition TV** [hai dèfəníʃən tí:ví:] 하이데퍼니션 티뷔 고화질TV
- **prime time** [praim taim] 프라임타임 황금시간대
- **entertainer** [èntərtéinər] 엔터테이너 연예인
- **mass media** [mæs mí:diə] 매스미디어 매스컴
- **soap opera** [soup ápərə] 소프아퍼러 연속극
- **dubbing artist** [dʌ́biŋ áːrtist] 더빙 아티스트 성우
- **singer** [síŋəːr] 싱어 가수
- **must-see** [mʌst si:] 머스트씨 꼭 봐야할 것
- **live** [laiv] 라이브 생방송의
- **pre-recorded** [prì:rikɔ́:rdid] 프리리코디드 녹화방송
- **re-run** [rì:rʌ́n] 리런 재방송
- **exclusive interview** [iksklú:siv íntərvju] 익스클루시브 인터뷰 독점인터뷰
- **episode** [épəsòud] 에퍼소우드 방송 1회분

Joke

★ The clerk asked me, "Cash, check or charge?"
As I fumbled through my wallet, she noticed a remote control for a television set in my purse.
"Do you always carry your TV remote?"
"No," I replied. "But my husband refused to come shopping with me, so I figured this was the most evil thing I could do to him!"

★ 점원이 내게 묻는다. "현금입니까, 수표입니까 아니면 외상입니까?"
내가 지갑을 뒤지는데 그녀는 내 핸드백 속에 있는 TV리모콘을 발견했다.
"아니, 리모콘을 늘 갖고 다니세요?"
"아뇨, 남편이 함께 쇼핑가기를 거절할때는 이게 내가 할 수 있는 가장 심한 보복이란 걸 알았어요."

→ charge 외상   fumble 더듬어 찾다, 공을 놓치다

Unit 10

movie 영화

1. □ **screen** 영화 스크린
   [skriːn] 스크린

2. □ **seat** 좌석
   [siːt] 씨트

3. □ **audience** 관객
   [ɔ́ːdiəns] 오디언스

4. □ **popcorn** 팝콘
   [pápkɔ̀ːrn] 팝콘

□ **box office** 매표소
[baks ɔ́(ː)fis] 박스어피스

□ **refreshment stand** 매점
[rifréʃmənt stænd] 리프레쉬먼트 스탠드

□ **actor** 남자배우
[ǽktər] 액터

□ **actress** 여자배우
[ǽktris] 엑트리스

□ **director** 감독
[diréktər] 디렉터

□ **tragedy** 비극
[trǽdʒədi] 트레저디

관련 단어

□ **movie theater** [múːvi θí(ː)ətəːr] 무비 씨어터 영화관

□ **billboard** [bílbɔːrd] 빌보드 포스터 광고판

□ **role** [róul] 로울 역할

□ **horror** [hɔ́ːrər] 호러 공포물

□ **comedy** [kámədi] 카머디 코미디

□ **thriller** [θrilə] 스릴러 스릴러물

□ **science fiction** [sáiəns fíkʃən] 사이언스 픽션 공상과학물

□ **adult film** [ədʌ́lt film] 어덜트 필름 성인 영화

□ **disaster film** [dizǽstər film] 디재스터 필름 재난영화

□ **action movie** [ǽkʃən múːvi] 액션 무비 액션영화

Dialogue

A: Three tickets for spiderman2, please. 스파이더맨2 세 장 주세요.
B: Here you are. Total $4(dollars). 여기요. 총 4달러입니다.
A: Thank you. 고마워요.

→ Can I have 표현을 쓰는 게 좀 더 정중하지만 간단하게 티켓수를 말하고 for 다음 영화 제목 붙이면 됩니다. 마지막에 감사하다는 표현 잊지 마세요.

Unit 11

concert 연주회

- **orchestra** 관현악단
[ɔ́ːrkəstrə] 오커스트러

- **conductor** 지휘자
[kəndʌ́ktər] 컨덕터
- **baton** 지휘봉
[bǽtən] 배턴
- **podium** 지휘자 발판
[póudiəm] 포우디엄

- **score** 악보
[skɔːr] 스코어

- **violin** 바이올린
[vàiəlín] 바이올린

- **cello** 첼로
[tʃélou] 첼로우

- **trombone** 트럼본
[trambóun] 트람보운

- **trumpet** 트럼펫
[trʌ́mpit] 트럼핏

- **piano** 피아노
[piǽnou] 피애노우

- **drum** 드럼
  [drʌm] 드럼

- **drummer** 드럼연주자
  [drʌ́mər] 드러머

- **guitar** 기타
  [gitáːr] 기타

- **guitarist** 기타연주자
  [gitáːrɪst] 기타리스트

관련 단어

- **symphony** [símfəni] 심퍼니 교향곡
- **musician** [mjuːzíʃən] 뮤지션 연주자
- **bassist** [béisist] 베이시스트 베이스연주자
- **chamber** [tʃéimbər] 채임버 현악단
- **ensemble** [ɑːnsɑ́ːmbl] 앙삼블 앙상블
- **viola** [váiələ] 바이얼러 비올라
- **band** [bænd] 밴드 그룹사운드

Dialogue

A: Where did you sit during the performance?
공연 중에 어디에 앉아 있었니?

B: I sat in the balcony. By the way, was it awesome?
2층에 앉아있었어. 근데, 끝내주지 않았니?

A: I agree.
응. 맞아.

→ by the way : 그런데, 근데 (화제 전환용)

amusement park 놀이공원

□ **balloon** 풍선
[bəlúːn] 벌룬

□ **clown** 광대
[kláun] 클라운

* 유사단어 **crown** [kraun] 크라운 왕관

□ **merry-go-round** 회전목마
[mérigouràund] 메리고우라운드

□ **roller coaster** 롤러코스터
[róulər kóustər] 롤러코스터

□ **snack bar** 매점
[snæk baːr] 스낵바

□ **cotton candy** 솜사탕
[kátn kǽndi] 카튼캔디

□ **zoo** 동물원
[zuː] 주

관련 단어

- **Ferris wheel** [féris hwi:l] 페리스휠 회전관람차
- **attraction** [ətrǽkʃən] 어트랙션 볼거리, 인기품목
- **ride** [raid] 라이드 탈것(통틀어서 말함)
- **track** [træk] 트랙 트랙
- **information center** [ìnfərméiʃən séntər] 인포메이션 센터 안내소
- **botanical garden** [bətǽnikəl gáːrdn] 버태니컬 가든 식물원
- **slide** [slaid] 슬라이드 미끄럼틀
- **swing** [swiŋ] 스윙 그네
- **entrance** [éntrəns] 엔트런스 입구
- **exit** [égzit] 엑짓 출구

Self Test

1 다음 단어를 우리말 혹은 영어로 옮기시오.

a) 볼링 _____   수영 _____   낚시 _____
   스카이다이빙 ____ _____   탁구 _____

b) 축구 _____   야구 _____   농구 _____
   배구 _____   핸드볼 _____

c) bat _____   helmet _____   racket _____
   mask _____   glove _____

d) 수영 _____   튜브 _____   물안경 _____ _____
   수영복 ___ _____   스트레칭 _____

2 다음 보기에서 영단어를 골라 넣으세요.

```
a) treadmill   sit-up   push-up   chin-up   barbell
b) pottery   knitting   reading   cooking   embroidery
c) turn   win   lose   bet   shuffle
```

a) 턱걸이 _____   윗몸일으키기 _____   러닝머신 _____
   팔굽혀펴기 _____   역기 _____

b) 뜨개질 _____   요리 _____   자수 _____
   독서 _____   도예 _____

c) 내기 _____   이기다 _____   지다 _____
   섞다 _____   차례 _____

3 다음 그림을 영단어와 연결시키세요.

·　　　　·　　　　·　　　　·　　　　·

·　　　　·　　　　·　　　　·　　　　·

souvenir　sightseeing　night tour　observatory　tourist

4 다음 빈칸에 적당한 단어를 넣으세요.

a) My favorite _____ is Shin Dongyeop.
내가 가장 좋아하는 개그맨은 신동엽이다.

b) TV _____ is quite effective. TV광고는 상당히 효과적이다.

c) I like action movies. 나는 _____를 좋아한다.

d) Recently I _____ movies on DVD. 요즘은 영화를 DVD로 본다.

5 다음 단어를 우리말 혹은 영어로 옮기시오.

a) 바이올린 _____　conductor _____　기타 _____
   피아노 _____　score _____

b) 풍선 _____　동물원 _____　솜사탕 ____ _____
   clown _____　merry-go-round _____

1. a) bowling swimming fishing sky diving ping-pong
   b) soccer – baseball – basketball – volleyball – handball
   c) 배트 – 헬멧 – 라켓 – 마스크 – 글러브
2. a) chin-up sit-up treadmill push-up barbell
   b) knitting – cooking – embroidery – reading – pottery
   c) bet win lose shuffle turn
3. tourist – sightseeing – souvenir – night tour – observatory
4. a) comedian b) commercial c) 액션영화 d) watch
5. a) violin – 지휘자 – guitar – piano – 악보
   b) balloon – zoo – cotton candy – 광대 – 회전목마

Theme 9
→ nature 자연

Unit 01	animal 동물		Unit 10	weather 기후
Unit 02	birds 조류		Unit 11	materials 물질
Unit 03	insects 곤충		Unit 12	color 색
Unit 04	fish 생선		Unit 13	space 우주
Unit 05	fruits 과일		Unit 14	earth 지구
Unit 06	plant 식물		Unit 15	position 위치
Unit 07	flowers 꽃		Unit 16	antonym 중요한 반대말
Unit 08	vegetables 야채		Unit 17	주요 국명과 국민명
Unit 09	landscape 풍경			

Unit 01

animal 동물

□ **horse** 말
[hɔːrs] 호스

□ **tiger** 호랑이
[táigəːr] 타이거

□ **fox** 여우
[fɑks] 팍스

□ **zebra** 얼룩말
[zíːbrə] 지브러

□ **elephant** 코끼리
[éləfənt] 엘리펀트

□ **bear** 곰
[bɛər] 베어

□ **deer** 사슴
[diər] 디어

□ **camel** 낙타
[kǽməl] 캐멀

□ **giraffe** 기린
[dʒəræf] 저래프

□ wolf 늑대
[wulf] 울프

□ monkey 원숭이
[mʎŋki] 멍키

□ dog 개
[dɔ(ː)g] 독

□ cat 고양이
[kæt] 캣

□ pig 돼지
[pig] 픽

□ rabbit 토끼
[rǽbit] 래빗

□ snake 뱀
[sneik] 스네익

□ crocodile 악어
[krɑ́kədàil] 크라커다일

Unit 01 animal ▶▶▶

관련 단어

- lion [láiən] 라이언 사자
- hippo [hípou] 히포 하마
- mouse [maus] 마우스 쥐
- hamster [hǽmstər] 햄스터 햄스터
- gorilla [gərílə] 거릴러 고릴라

- claw [klɔː] 클로 발톱
- horn [hɔːrn] 혼 뿔
- tail [teil] 테일 꼬리
- hoof [huːf] 후프 발굽
- mane [mein] 메인 갈기(사자, 말)

Dialogue

A: Look at that bear!
저기 저 곰 좀 봐!

B: Wow! That's the biggest bear I've ever seen!
우와! 이때까지 본 곰 중에 가장 큰 곰이야!

Unit 02

birds 조류

□ **crow** 까마귀
[krou] 크로우

□ **pigeon** 비둘기
[pídʒən] 피젼

□ **swan** 백조
[swɑn] 스완

□ **sparrow** 참새
[spǽrou] 스패로우

□ **swallow** 제비
[swálou] 스왈로우

□ **falcon** 매
[fǽlkən] 팰컨

□ **eagle** 독수리
[íːgl] 이글

□ **skylark** 종달새
[skáilàːrk] 스카이락

□ **seagull** 갈매기
[síːgʌl] 씨걸

243

Unit 02 birds ▶▶▶

□ **parrot** 앵무새
[pǽrət] 패럿

□ **hen** 암탉
[hen] 헨

□ **rooster** 수탉
[rúːstəːr] 루스터

□ **ostrich** 타조
[ɔ́(ː)stritʃ] 오스트리취

□ **owl** 부엉이
[aul] 아울

□ **bat** 박쥐
[bæt] 뱃

□ **penguin** 펭귄
[péŋgwin] 펭귄

□ **crane** 학, 두루미
[krein] 크레인

관련 단어

- magpie [mǽgpài] 맥파이 까치
- duck [dʌk] 덕 오리
- wild goose [waild guːs] 와일드 구스 기러기
- migrant bird [máigrənt bəːrd] 마이그런트 버드 철새
- parakeet [pǽrəkìːt] 패러킷 잉꼬

- feather [féðər] 페더 깃털
- bill [bil] 빌 부리
- claw [klɔː] 클로 (짐승의) 발톱
- tail feather [teil féðər] 테일 페더 꼬리
- wing [wiŋ] 윙 날개
- nest [nest] 네스트 둥지

Joke

Q: Why does a flamingo lift up one leg?
A: Because if he lifted up both legs it would fall over!

Q : 홍학은 왜 한쪽 다리를 들고 있을까요?
A : 두 다리 다 들면 넘어지잖아.

Unit 03

insects 곤충

□ **bee** 벌
[biː] 비

□ **fly** 파리
[flai] 플라이

□ **spider** 거미
[spáidər] 스파이더

□ **ant** 개미
[ænt] 앤트

□ **butterfly** 나비
[bʌ́tərflài] 버터플라이

□ **moth** 나방
[mɔ(ː)θ] 모쓰

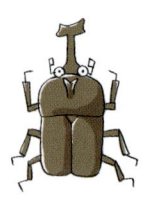
□ **beetle** 딱정벌레
[bíːtl] 비틀

□ **dragonfly** 잠자리
[drǽgənflài] 드래건플라이

□ **grasshopper** 메뚜기
[grǽshɑ̀pər] 그래스하퍼

□ cricket 귀뚜라미
[kríkit] 크리킷

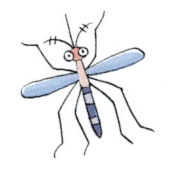
□ mosquito 모기
[məskí:tou] 모스키토우

□ lady bug 무당벌레
[léidibʌg] 레이디벅

□ firefly 개똥벌레
[fáiərflài] 파이어플라이

□ cockroach 바퀴벌레
[kákròutʃ] 칵로-취

관련 단어

□ earthworm [ə́:rθwə́:rm] 어쓰웜 지렁이

□ praying mantis [préiiŋmǽntis] 프레잉맨티스 사마귀

□ scorpion [skɔ́:rpiən] 스콜피언 전갈

□ cocoon [kəkú:n] 커쿤 누에고치

□ egg [eg] 엑 알

□ larva [lá:rvə] 라버 애벌레

□ pupa [pjú:pə] 퓨퍼 번데기

□ antenna [ænténə] 앤테너 더듬이

□ head [hed] 헤드 머리

□ thorax [θɔ́:ræks] 쏘렉스 가슴

□ abdomen [ǽbdəmən] 앱더먼 배

□ sting [stiŋ] 스팅 침

Unit 04

fish 생선

□ **carp** 잉어
[kɑːrp] 카프

□ **cod** 대구
[kɑd] 캇

□ **cuttlefish** 오징어
[kʌ́tlfiʃ] 커틀피시

□ **flatfish** 광어
[flǽtfiʃ] 플랫피시

□ **goldfish** 금붕어
[góuldfiʃ] 골드피시

□ **mackerel** 고등어
[mǽkərəl] 맥커럴

□ **octopus** 문어
[ɑ́ktəpəs] 악터퍼스

□ **salmon** 연어
[sǽmən] 새먼

□ **sardine** 정어리
[sɑːrdíːn] 사-딘

□ **trout** 송어
[traut] 트라우트

□ **tuna** 참치
[tʃúːnə] 튜너

□ **shark** 상어
[ʃɑːrk] 샤크

□ **lobster** 바다가재
[lábstər] 랍스터

□ **shrimp** 새우
[ʃrímp] 쉬림프

□ **crab** 게
[kræb] 크랩

□ **oyster** 굴
[ɔ́istər] 오이스터

□ **whale** 고래
[hweil] 훼일

□ **turtle** 거북이
[tɔ́ːrtl] 터틀

Unit 04 fish ▶▶▶

관련 단어

- eel [i:l] 일 장어
- starfish [stá:ɾfiʃ] 스타피쉬 불가사리
- seaweed [síːwìːd] 씨위드 김
- clam [klæm] 클램 대합
- scale [skeil] 스케일 비늘
- dorsal fin [dɔ́ːɾsəlfin] 도설핀 지느러미
- tail fin [teil fin] 테일핀 꼬리지느러미
- gill [gil] 길 아가미
- flipper [flípəɾ] 플리퍼 물갈퀴

★ Two blondes rented a fishing boat, and were having a great day catching fish. The first blonde said "This is such a great spot, we need to mark it so we can come back." The second blonde proceeded to put a mark on the side of the boat. The first blonde asked, "What are you doing?"
"Marking the spot."
"Don't be stupid. What if we don't get the same boat next time?"

★ 두 금발여성이 낚싯배를 빌려 고기를 많이 낚았다. 한 여자 왈, "여기가 아주 명당이네. 다음에 올 때를 대비해서 배에다 표시를 해놔야겠네." 다른 여자가 배 한쪽에 표시를 한다. 첫 여자가 말한다. "뭐하는 거야?" "표시 하는 거야." "바보 같은 짓 하지 마. 다음에 올 때 같은 배를 빌리지 못하면 어떻게 하니? "

→ 미국엔 금발미녀는 머리가 나쁘다는 인식이 있어서 그런 조크가 많습니다.

Unit 05

fruits 과일

□ **apple** 사과
[ǽpl] 애플

□ **lemon** 레몬
[lémən] 레먼

□ **watermelon** 수박
[wɔ́ːtəːrmèlən] 워터멜런

□ **grape** 포도(나무)
[greip] 그레입

□ **pear** 배
[pɛər] 페어

□ **peach** 복숭아
[piːtʃ] 피-치

□ **tangerine** 귤
[tæ̀ndʒəríːn] 탠저린

□ **strawberry** 딸기
[strɔ́ːbèri] 스트로베리

Unit 05 fruits ▶▶▶

□ **persimmon** 감
[pəːrsímən] 퍼시먼

□ **apricot** 살구
[éiprəkɑt] 에이프리캇

□ **banana** 바나나
[bənǽnə] 버내너

□ **pineapple** 파인애플
[páinæpl] 파인애플

□ **orange** 오렌지
[ɔ́ːrindʒ] 오린쥐

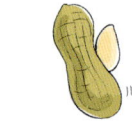

□ **peanut** 땅콩
[píːnʌt] 피-넛

□ **chestnut** 밤
[tʃésnʌt] 체스넛

□ **walnut** 호두
[wɔ́ːlnʌt] 월넛

관련 단어

- plum [plʌm] 플럼 자두
- jujube [dʒúːdʒuːb] 주주브 대추
- fig [fig] 피그 무화과
- almond [áːmənd] 아먼드 아몬드
- pine nut [pain nʌt] 파인넛 잣
- raisin [réizən] 레이즌 건포도
- kiwi [kíːwi] 키위 키위

★ Do you think a tomato is a vegetable, right? No, it's actually a fruit. Other food we think of as vegetables—such as squash, peppers, and eggplant—also are fruit. They're fruit because they carry seeds and develop from flowers.

★ 토마토가 야채라고 생각하세요? 아닙니다. 토마토는 호박이나 고추 그리고 가지와 같이 흔히 야채라고 생각되는 과일 중 하나입니다. 모두 씨앗을 나르고 꽃으로부터 성장하기 때문입니다.

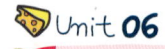

plant 식물

□ **leaf** 잎
[liːf] 리프

□ **branch** 가지
[bræntʃ] 브랜치

□ **annual ring** 나이테
[ǽnjuəl riŋ] 애뉴얼 링

□ **root** 뿌리
[ruːt] 루트

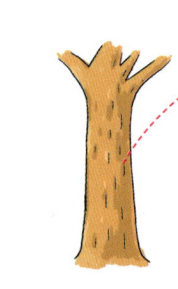

□ **bark** 나무껍질
[bɑːrk] 바크

□ **trunk** 나무 몸통
[trʌŋk] 트렁크

□ **fruit** 열매
[fruːt] 프루트

□ **seed** 씨앗
[siːd] 씨드

□ **bud** 싹, 봉오리
[bʌd] 벗

□ **stem** 줄기
[stem] 스템

254

□ **pine** 소나무
[pain] 파인

□ **ginkgo** 은행나무
[gíŋkou] 깅코

□ **oak** 떡갈나무
[ouk] 오우크

□ **palm** 야자수
[pɑ:m] 팜

관련 단어

□ **maple** [méipl] 메이플 단풍나무

□ **chestnut tree** [tʃésnʌt tri:] 체스넛추리 밤나무

□ **willow** [wílou] 윌로우 버드나무

□ **bamboo** [bæmbú:] 뱀부 대나무

□ **platanus** [plǽtənəs] 플래터너스 플라타너스

□ **poplar** [páplər] 파플러 포플러

flowers 꽃

□ lily 백합
[líli] 릴리

□ rose 장미
[rouz] 로우즈

□ sunflower 해바라기
[sánflàuər] 썬플라워

□ iris 붓꽃
[áiris] 아이리스

□ violet 제비꽃
[váiəlit] 바이얼렛

□ gypsophila 안개꽃
[ʤipsáfilə] 집사펄러

□ dandelion 민들레
[dǽndəlàiən] 댄더라이언

□ morning-glory 나팔꽃
[mɔ́:rniŋglɔ̀:ri] 모닝글로리

□ orchid 난초
[ɔ́:rkid] 오-키드

□ **tulip** 튤립
[tʃúːlip] 튤립

□ **chrysanthemum** 국화
[krisǽnθəməm] 크리센서멈

□ **cosmos** 코스모스
[kázməs] 카즈머스

□ **lotus** 연꽃
[lóutəs] 로터스

□ **azalea** 진달래
[əzéiljə] 어제일러

□ **cactus** 선인장
[kǽktəs] 캑터스

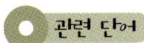 관련 단어

□ **forsythia** [fəːrsíθiə] 포시디어 개나리

□ **peony** [píːəni] 피어니 모란

□ **weed** [wiːd] 위드 잡초

□ **reed** [riːd] 리드 갈대, 억새

□ **pollen** [pálən] 팔런 꽃가루

□ **petal** [pétl] 페틀 꽃잎

□ **bud** [bʌd] 벗 꽃봉오리

□ **flower language** [fláuər lǽŋgwidʒ] 플라워 랭귀지 꽃말

Unit 08

vegetables 야채

□ **radish** 무
[rǽdiʃ] 래디쉬

□ **spinach** 시금치
[spínitʃ] 스피니취

□ **cucumber** 오이
[kjúːkəmbər] 큐컴버

□ **garlic** 마늘
[gáːrlik] 갈릭

□ **onion** 양파
[ʌ́njən] 어니언

□ **bean** 콩
[biːn] 빈

□ **green onion** 파
[griːn ʌ́njən] 그린 어니언

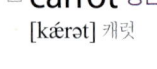
□ **carrot** 당근
[kǽrət] 캐럿

□ **potato** 감자
[pətéitou] 퍼테이토우

□ **sweet potato** 고구마
[swiːt pətéitou] 스윗 퍼테이토우

□ **pumpkin** 호박
[pámpkin] 펌프킨

□ **lettuce** 상추
[létis] 레티스

□ **mushroom** 버섯
[máʃru(:)m] 머쉬룸

□ **tomato** 토마토
[təméitou] 터메이토우

□ **red pepper** 고추
[red pépər] 렛 페퍼

□ **green pepper** 피망
[grí:n pépər] 그린 페퍼

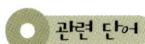
관련 단어

- □ **ginger** [ʤíndʒər] 진저 생강
- □ **bean sprout** [bi:n spraut] 빈스프라우트 콩나물
- □ **broccoli** [brákəli] 브라컬리 브로콜리
- □ **eggplant** [égplænt] 엑플랜트 가지
- □ **lotus root** [lóutəs ru:t] 로터스 루트 연근

Joke

Q: What room can be eaten?
A: A mushroom!

Q: 먹을 수 있는 방(room)은?
A: 버섯

landscape 풍경

□ **lake** 호수
[leik] 레이크

□ **waterfall** 폭포
[wɔ́ːtərfɔ̀ːl] 워터폴

□ **valley** 계곡
[væli] 밸리

□ **plateau** 고원
[plætóu] 플래토우

□ **hill** 언덕, 고개
[hil] 힐

□ **cave** 동굴
[keiv] 케이브

□ **desert** 사막
[dézərt] 데저트

□ **cliff** 절벽
[klif] 클립

□ **stream** 개울
[striːm] 스트림

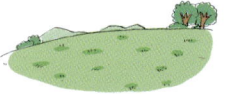

□ **grassland** 초원(=meadow)
[ɡræslænd] 그래스랜드

□ **forest** 숲
[fɔ́(ː)rist] 포리스트

□ **mountain** 산
[máuntən] 마운턴

□ **volcano** 화산
[vɑlkéinou] 발케이노우

□ **slope** 비탈
[sloup] 슬로우프

□ **river** 강
[rívəːr] 리버

□ **rock** 바위
[rɑk] 락

□ **horizon** 수평선, 지평선
[həráizən] 허라이즌

□ **north** 북쪽
[nɔːrθ] 노쓰

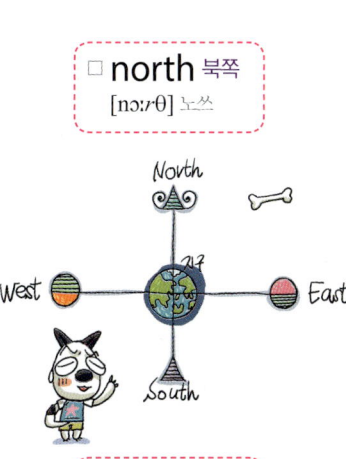

□ **west** 서쪽
[west] 웨스트

□ **east** 동쪽
[iːst] 이스트

□ **south** 남쪽
[sauθ] 사우쓰

261

weather 기후

□ **cloud** 구름
[klaud] 클라우드

□ **fog** 안개
[fɔg] 포그

□ **rainbow** 무지개
[réinbòu] 레인보우

□ **snow** 눈
[snou] 스노우

□ **icicle** 고드름
[áisikl] 아이시클

□ **lightening** 번개
[láitniŋ] 라이트닝

□ **flood** 홍수
[flʌd] 플러드

□ **sunny** 햇볕이 쬐는
[sʌ́ni] 써니

□ **cloudy** 구름 낀
[kláudi] 클라우디

□ **foggy** 안개 낀
[fɔ́(:)gi] 포기

□ **windy** 바람 부는
[windi] 윈디

□ **rainy** 비가 오는
[réini] 레이니

관련 단어

- □ **sky** [skai] 스카이 하늘
- □ **sleet** [sli:t] 슬리트 진눈깨비
- □ **hail** [heil] 헤일 우박
- □ **wind** [wind] 윈드 바람
- □ **rain** [rein] 레인 비
- □ **shower** [ʃáuəːr] 샤워 소나기
- □ **frost** [frɔːst] 프로스트 서리

- □ **ice** [ais] 아이스 얼음
- □ **storm** [stɔːrm] 스톰 폭풍우
- □ **thunder** [θʌ́ndəːr] 썬더 천둥
- □ **drought** [draut] 드라우트 가뭄
- □ **clear** [kliər] 클리어 맑은
- □ **humid** [hjúːmid] 휴미드 습도 높은

Dialogue

A: How's the weather? 날씨가 어떤가요?
B: It's raining. 비가 오네요.

Unit 11

materials 물질

□ **gold** 금
[gould] 골드

□ **metal** 금속
[métl] 메털

□ **oil** 기름
[ɔil] 오일

□ **coal** 석탄
[koul] 코울

□ **soil** 토양
[sɔil] 소일

□ **electricity** 전기
[ilèktrísəti] 일렉트리서티

□ **liquid** 액체
[líkwid] 리퀴드

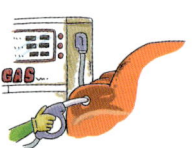
□ **gas** 기체
[gæs] 개스

□ fire 불
[faiər] 파이어

□ light 빛
[lait] 라잇

□ heat 열
[hi:t] 히트

□ smoke 연기
[smouk] 스모크

□ water 물
[wɔ́:tər] 워터

□ power 힘
[páuər] 파워

관련 단어

□ bronze [brɑnz] 브런즈 청동

□ iron [áiərn] 아이언 철

□ solid [sɑ́lid] 쌀리드 고체

□ steam [sti:m] 스팀 증기

 Unit 12

color 색

□ **black** 검정
[blæk] 블랙

□ **gray** 회색
[grei] 그레이

□ **white** 흰색
[*h*wait] 화이트

□ **blue** 청색
[bluː] 블루

□ **red** 빨강
[red] 레드

□ **yellow** 노랑
[jélou] 옐로우

□ **green** 녹색
[griːn] 그린

□ **brown** 갈색
[braun] 브라운

□ **purple** 보라색
[pə́ːrpl] 퍼플

□ **pink** 분홍
[piŋk] 핑크

□ **ivory** 상아색
[áivəri] 아이버리

□ **navy blue** 짙은 청색
[néivi bluː] 네이비 블루

□ **silver** 은색
[sílvəːr] 실버

□ **orange** 주황색
[ɔ́ːrindʒ] 오린쥐

□ **beige** 베이지색
[beiʒ] 베이쥐

Dialogue

A : what is your favorite color?
무슨 색깔을 좋아하세요?

B : I like black.
검정색을 좋아해요.

Unit 13

space 우주

□ **sun** 해
[sʌn] 썬

□ **crescent** 초승달
[krésənt] 크레슨트

□ **half moon** 반달
[hæf muːn] 해프 문

□ **full moon** 보름달
[ful muːn] 풀 문

□ **moon** 달
[muːn] 문

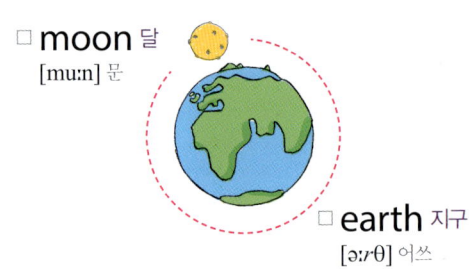

□ **earth** 지구
[əːrθ] 어쓰

□ **planet** 행성
[plǽnət] 플레닛

□ **star** 별
[staːr] 스타

□ **shooting star** 유성
[ʃúːtiŋ staːr] 슈팅 스타

관련 단어

- Venus [víːnəs] 비너스 금성
- Mars [mɑːrz] 마즈 화성
- milky way [mílki wei] 밀키웨이 은하수
- satellite [sǽtəlàit] 세털라이트 (인공)위성
- galaxy [gǽləksi] 갤럭시 은하계

- eclipse [iklíps] 이클립스 일식, 월식
- astronomy [əstránəmi] 어스트러너미 천문학
- astronaut [ǽstrənɔ̀ːt] 애스트러노트 우주비행사
- space shuttle [speis ʃʌ́tl] 스페이스서틀 우주왕복선
- technology [teknálədʒi] 테크놀로지 (과학)기술

★ An American, a Russian and a blonde converse with each other.
American : "We were the first who landed on the moon!"
Russian : "We were the first in space!"
Blonde : "We will be the first to manage landing on the sun!"
The American and the Russian start laughing.
American : "It is not possible to land on the sun! Everything that comes near to it burns!"
Blonde : "We aren't stupid! We will fly at night!"

★ 미국인과 러시아인과 금발미녀가 대화를 나눈다.
미국인 : 달에 처음 착륙한 건 바로 우리라구!
러시아인 : 우주에 처음 진출한 건 우리야!
금발미녀 : 우리는 태양에 처음 착륙하게 될 거야!
미국인과 러시아인이 비웃기 시작한다.
미국인 : 태양에 착륙하는 건 불가능해. 근처만 가도 타버릴 테니까!
금발미녀 : 우리는 바보가 아냐! 밤에 날아갈 거야!

earth 지구

☐ **land** 육지, 땅
[lænd] 랜드

☐ **ocean** 대양
[óuʃən] 오우션

☐ **sea** 바다
[si:] 씨

☐ **continent** 대륙
[kántənənt] 컨티넌트

☐ **island** 섬
[áilənd] 아일런드

☐ **mountain range** 산맥
[máuntən reindʒ] 마운틴 레인지

☐ **bay** 만
[bei] 베이

☐ **peninsula** 반도
[pinínsələ] 피닌슐러

☐ **North Pole** 북극
[nɔːrθ poul] 노쓰포울

☐ **South Pole** 남극
[sauθ poul] 사우쓰 포울

□ **latitude** 위도
[lǽtətʃùːd] 래티튜드

□ **longitude** 경도
[lándʒətʃùːd] 란저튜드

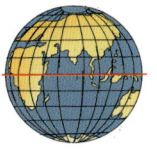

□ **equator** 적도
[ikwéitər] 이퀘이터

□ **desert** 사막
[dézərt] 데저트

□ **atmosphere** 대기
[ǽtməsfìər] 앳머스피어

□ **channel** 해협
[tʃǽnl] 채널

Joke

★ A bear, a lion and a chicken meet.
the bear : "When I roar in the forest, the whole forest is afraid!"
the lion : "When I roar in the desert, the whole desert is afraid!"
the chicken : "When I cough, the whole world is afraid!"

★ 곰과 사자와 닭이 만났다.
곰 : 내가 숲에서 으르렁거리면 온 숲이 두려워 떨지!
사자 : 내가 사막에서 포효하면 온 사막이 두려워 떨어!
닭 : 내가 기침하면 온 세상이 두려워 떨어!

→ 조류독감(Bird flu)을 풍자한 조크네요.

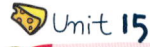

position 위치

□ **inside** 안
[ìnsáid] 인사이드

□ **outside** 밖
[áutsáid] 아웃사이드

□ **the center** 가운데
[ðə séntə*r*] 더 센터

□ **left** 왼쪽
[léft] 레프트

□ **right** 오른쪽
[ráit] 라이트

□ **in front of** ~의 앞에
[in frʌnt ʌv] 인 프런트 어브

□ **behind** 뒤에
[biháind] 비하인드

272

□ **from home** 집으로부터

□ **to the station** 역까지

□ **next** 옆
[nékst] 넥스트

□ **on top of** 위에
[ɔn tap ʌv] 언 탑 어브

□ **under** 아래
[ʌndər] 언더

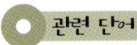 관련 단어

- □ **near** [níər] 니어 가까운 ⟷ □ **far** [fáːr] 파 먼
- □ **up** [ʌp] 업 위로 ⟷ □ **down** [dáun] 다운 아래로
- □ **between** [bitwíːn] 비튄 사이에 — □ **opposite** [ápəzit] 아퍼짓 건너편에

antonym 중요한 반대말

□ **big** 크다 ↔ □ **small** 작다
[big] 빅　　　　　　[smɔːl] 스몰

□ **tall** (키가) 크다 ↔ □ **short** (키가) 작다
[tɔːl] 톨　　　　　　　[ʃɔːrt] 숏

□ **high** 높다 ↔ □ **low** 낮다
[hai] 하이　　　　　[lou] 로우

□ **fast** 빠르다 ↔ □ **slow** 느리다
[fæst] 패스트　　　　[slou] 슬로우

□ **bright** 밝다 ↔ □ **dark** 어둡다
[brait] 브라이트　　　[dɑːrk] 다크

□ **old** 낡은 ↔ □ **new** 새로운
[ould] 올드　　　　[njuː] 뉴

274

□ **heavy** 무겁다 ↔ □ **light** 가볍다
[hévi] 헤비　　　　　　[lait] 라이트

□ **fat** 뚱뚱하다 ↔ □ **thin** 마르다
[fæt] 팻　　　　　　[θin] 씬

□ **cold** 춥다 ↔ □ **hot** 덥다
[kould] 코울드　　　　[hɑt] 핫

□ **wide** 넓다 ↔ □ **narrow** 좁다
[waid] 와이드　　　　[nǽrou] 내로우

□ **tight** 팽팽한 ↔ □ **loose** 느슨한
[tait] 타이트　　　　　[luːs] 루스

□ **good** 좋은 ↔ □ **bad** 나쁜
[gud] 굿　　　　　[bæd] 뱃

Unit 16 antonym ▶▶▶

□ **dry** 마른 ↔ □ **wet** 젖은
[drai] 드라이   [wet] 웻

□ **sharp** 예리하다 ↔ □ **dull** 둔하다
[ʃɑːrp] 샤프   [dʌl] 덜

□ **full** 가득한 ↔ □ **empty** 텅 빈
[ful] 풀   [émpti] 엠프티

□ **open** 열린 ↔ □ **closed** 닫힌
[óupən] 오픈   [klóuzd] 클로우즈드

□ **clean** 깨끗한 ↔ □ **dirty** 더러운
[kliːn] 클린   [dɔ́ːrti] 더티

□ **happy** 행복한 ↔ □ **sad** 슬픈
[hǽpi] 해피   [sæd] 새드

□ **rich** 부유한 ↔ □ **poor** 가난한
[ritʃ] 리치　　　　　　[puər] 푸어

□ **beautiful** 아름답다 ↔ □ **ugly** 추하다
[bjúːtəfəl] 뷰터펄　　　　　[ʌ́gli] 어글리

□ **attack** 공격 ↔ □ **defence** 방어　　□ **day** 낮 ↔ □ **night** 밤
[ətǽk] 어택　　　　[diféns] 디펜스　　　　[dei] 데이　　[nait] 나이트

□ **married** 결혼한 ↔ □ **single** 미혼의
[mǽrid] 매리드　　　　　　[síŋgl] 싱글

관련 단어

□ **strong** [strɔŋ] 스트롱 강한 ↔ □ **weak** [wiːk] 위크 약한

□ **beginning** [bigíniŋ] 비기닝 시작 ↔ □ **end** [end] 엔드 끝

주요 국명과 국민명

Asia 에이저 Asian 에이전

| | 대만 | □ Taiwan [tàiwá:n] 타이완
□ Taiwanese [tàiwɑ:ní:z] 타이와니즈 |

- 대만
  - □ Taiwan [tàiwá:n] 타이완
  - □ Taiwanese [tàiwɑ:ní:z] 타이와니즈

- 말레이시아
  - □ Malaysia [məléiʒə] 멀레이저
  - □ Malaysian 멀레이전

- 베트남
  - □ Vietnam [viètnam] 비에트남
  - □ Vietnamese 비에트너미즈

- 사우디아라비아
  - □ Saudi Arabia 사우디어레이비어
  - □ Saudi Arabian 사우디어레이비언

- 이란
  - □ Iran [irǽn] 이랜
  - □ Iranian 이래니언

- 인도
  - □ India [índiə] 인디어
  - □ Indian 인디언

- 인도네시아
  - □ Indonesia [ìndouní:ʒə] 인도우니저
  - □ Indonesian 인도우니전

- 일본
  - □ Japan [dʒəpǽn] 저팬
  - □ Japanese 재퍼니즈

- 중국
  - □ China [tʃáinə] 차이너
  - □ Chinese 차이니즈

- 태국
  - □ Thailand [táilænd] 타일런드
  - □ Thai 타이

	터키	☐ **Turkey** [tə́ːrki] 터키 ☐ **Turkish** 터키쉬
	파키스탄	☐ **Pakistan** [pùːkistáːn] 파키스탄 ☐ **Pakistani** 파키스타니
	필리핀	☐ **Philippines** [fíləpìnz] 필러핀즈 ☐ **Philipino** 필러피노
	한국	☐ **Korea** [kəríːə] 커리어 ☐ **Korean** 커리언
	호주	☐ **Australia** [ɔːstréiljə] 오스트레일러 ☐ **Australian** 오스트레일런

America 어메리카 **American** 어메리컨
* America는 미국을 뜻하기도 하고 남북아메리카 전체를 뜻하기도 함.

 캐나다
☐ **Canada** [kǽnədə] 캐너더
☐ **Canadian** 커네이디언

 미국
☐ **U. S. A** 유에세이
☐ **American** [əmérikən] 어메리컨

 멕시코
☐ **Mexico** [méksikòu] 멕시코우
☐ **Mexican** [méksikən] 멕시컨

Unit 17 주요 국명과 국민명 ▶▶▶

| | 브라질 | □ **Brazil** [brəzíl] 브러질
□ **Brazilian** 브러질런 |

아르헨티나 □ **Argentina** [à:rdʒəntí:nə] 알전티너
□ **Argentine** 알전틴

Europe 유럽 **European** 유러피언

그리스 □ **Greece** [gri:s] 그리스
□ **Greek** 그리크

네덜란드 □ **Netherlands** [néðəːrləndz] 네덜런즈
□ **Dutch** 더취

독일 □ **Germany** [dʒə́ːrməni] 저머니
□ **German** 저먼

러시아 □ **Russia** [rʌ́ʃə] 러셔
□ **Russian** 러션

스위스 □ **Switzerland** [swítsərlənd] 스위철런드
□ **Swiss** 스위스

스페인 □ **Spain** [spein] 스페인
□ **Spanish** 스패니쉬

영국 □ **United Kingdom** [juːnáitid kíŋdəm] 유나이팃 킹덤
□ **English** 잉글리쉬

오스트리아
- **Austria** [ɔ́ːstriə] 오스트리어
- **Austrian** 오스트리언

이탈리아
- **Italy** [ítəli] 이털리
- **Italian** 이탤리언

포르투갈
- **Portugal** [pɔ́ːrtʃəgəl] 포처걸
- **Portuguese** 포처기즈

폴란드
- **Poland** [póulənd] 폴런드
- **Pole** 포울

프랑스
- **France** [fræns] 프랜스
- **French** 프렌치

Africa 아프리카 **African** 아프리칸

나이지리아
- **Nigeria** [naidʒíəriə] 나이지어리어
- **Nigerian** 나이지리언

남아공
- **South Africa** [sáuθ ǽfrikə] 사우쓰 애프리커
- **South African** 사우쓰 애프리컨

이집트
- **Egypt** [íːdʒipt] 이집트
- **Egyptian** 이집션

Unit 17 주요 국명과 국민명

관련 단어

- country [kʌ́ntri] 컨추리 나라, 국가
- capital [kǽpitl] 캐피털 수도
- city [síti] 시티 도시
- culture [kʌ́ltʃər] 컬춰 문화
- population [pɑ̀pjəléiʃ] 파퓰레이션 인구
- village [vílidʒ] 빌리지 마을
- hometown [hóumtàun] 홈타운 고향
- world [wəːrld] 월드 세계
- citizen [sítəzən] 시티즌 시민, 국민
- independent country [ìndipéndənt-] 인디펜던트 컨트리 독립국
- republic [ripʌ́blik] 리퍼블릭 공화국
- kingdom [kíŋdəm] 킹덤 왕국
- developed country [divéləpt-] 디벨럽트 컨트리 선진국
- developing country [divéləpiŋ-] 디벨러핑 컨트리 개발도상국
- underdeveloped country [ʌ̀ndərdivéləpt-] 언더디벨롭트 컨트리 후진국

1 다음 단어를 우리말 혹은 영어로 옮기시오.

a) 얼룩말 _____   코끼리 _____   뱀 _____
   호랑이 _____   사슴 _____

b) 백조 _____   swallow _____   독수리 _____
   부엉이 _____   crane _____

2 다음 그림을 영단어와 연결시키세요.

grasshopper   firefly   dragonfly   spider   butterfly

3 다음 보기에서 영단어를 골라 넣으세요.

a) shrimp   whale   tuna   carp   shark   salmon
b) raisin   fig   walnut   peach   peanut   strawberry
c) bamboo   oak   bud   pine   seed   leaf
d) violet   orchid   lotus   sunflower   dandelion

a) 참치 _____   새우 _____   연어 _____
   잉어 _____   상어 _____   고래 _____

Self Test

b) 호두 _____ 무화과 _____ 딸기 _____
　복숭아 _____ 땅콩 _____ 건포도 _____

c) 잎 _____ 싹 _____ 씨 _____
　떡갈나무 _____ 대나무 _____ 소나무 _____

d) 해바라기 _____ 민들레 _____ 제비꽃 _____
　난초 _____ 연꽃 _____

4 다음 그림을 영단어와 연결시키세요.

carrot　　red pepper　　cucumber　　mushroom　　garlic

5 다음 단어를 우리말 혹은 영어로 옮기시오.

a) 호수 _____ 언덕 _____ cliff _____
　숲 _____ rock _____ 북쪽 _____

b) 눈 _____ cloud _____ 하늘 _____
　wind _____ 얼음 _____ 비 _____

c) 기름 _____ electricity _____ 불 _____
빛 _____ water _____ 소리 _____

d) 회색 _____ yellow _____ 갈색 _____
녹색 _____ ivory _____ silver _____

e) 해 _____ earth _____ 달 _____
보름달 _____ 별 _____ milky way _____

f) 섬 _____ 육지 _____ desert _____
해협 _____ equator _____ 바다 _____

6 다음 빈칸에 적당한 영단어를 넣으세요.

a) Let's go _____. 밖으로 나가자.

b) _____ home _____ the station 집에서 역까지

c) _____ the sea 바다 밑에서

7 다음 빈칸에 적당한 영단어나 우리말을 넣으세요.

a) big 크다 – (　　) 작다　　　　bright (　　) – (　　) 어둡다

b) (　　) 넓다 – narrow (　　)　　happy 행복한 – (　　) 슬픈

c) (　　) 깨끗한 – (　　) 더러운　　rich 부유한 – (　　) 가난한

Self Test

8 다음을 우리말로 바꾸세요.

a) Thailand _____   Japanese _____   Australia _____
   Chinese _____   Indian _____   Turkey _____

b) American _____   English _____   Germany _____
   Italian _____   France _____   Russian _____

c) world _____   capital _____   culture _____
   citizen _____   country _____   village _____

---

1 a) zebra   elephant   snake   tiger   deer
   b) swan   제비   eagle   owl   학

2 거미–spider   잠자리–dragonfly   나비–butterfly   메뚜기–grasshopper   개똥벌레–firefly

3 a) tuna   shrimp   salmon   carp   shark   whale
   b) walnut   fig   strawberry   peach   peanut   raisin
   c) leaf   bud   seed   oak   bamboo   pine
   d) sunflower   dandelion   violet   orchid   lotus

4 오이–cucumber   마늘–garlic   당근–carrot   버섯–mushroom   고추–red pepper

5 a) lake   hill   절벽   forest   바위   north
   b) snow   구름   sky   바람   ice   rain
   c) oil   전기   fire   light   물   sound
   d) gray   노랑색   brown   green   상아색   은색
   e) sun   지구   moon   full moon   star   은하계
   f) island   land   사막   channel   적도   sea

6 a) outside   b) from, to   c) under

7 a) small, 밝다–dark   b) wide–좁다, sad   c) clean–dirty, poor

8 a) 태국   일본인   호주   중국인   인도인   터키
   b) 미국인   영국인   독일   이탈리아인   프랑스   러시아인
   c) 세계   수도   문화   시민   국가   마을

INDEX 영어 색인

A

abdomen	247
absence	165
accelerator	137
accent	177
accessories	185
account number	102
ace	222
acne	13
actor	230
actress	230
add	69
addition	73
address	47
admiration	41
adult	22
adult film	231
adviser	163
aerobics	219
Africa	281
afternoon	80
air bag	138
air conditioner	200
air cylinder	215
air filter	138
air-hot balloon	130
airliner	151
airplane	130, 150
airport	151
aisle	117, 150
alarm clock	57
alcoholic content	111
allergy	99
alley	141
almond	253
altitude	153
amber	202
ambulance	94
America	279
American	279
American football	213
amount	102
amusement park	234
ancestor	21
anchor	148
animal	240
ankle	15
annex	114
anniversary	79
annual	82
annual ring	254
annual salary system	165
ant	246
antenna	247
anti-inflammatory	97
antonym	274
apartment	46
apartment building	47, 88
apartment complex	47
apology	176
appendix	18
appetizer	107
apple	251
appreciation	41
apricot	252
April	77
area	72
Argentina	280
argument	25, 176
arm	14
armchair	50
armrest	138
arrest	122
art museum	89
ashamed	39
ashtray	111
Asia	278
assault	122
assistant manager	163
astronaut	269
astronomy	220, 269
ATM card	103
ATM(machine)	102
atmosphere	271
attachment	173
attack	277
attic	49
attitude	177
attractive	36
audience	230
auditor	161
auditorium	117
August	77
aunt	20
Australia	279
Austria	281
automatic ticket barrier	146
autumn	76
average	73
azalea	257

B

baby's room	58
baby	22
baby carrier	59
baby seat	59
Babysitting Services	114
back	17
back seat	138
backup	171
bad	275

287

baggage 225	bean 258	blog 174
baggage claim area 153	bean sprout 259	blood 19
bait 215	bear 240	blood pressure 99
baker 158	beard 13	blood vessel 19
bakery 204	beautiful 277	blouse 192
bald 37	beauty 184	blue 266
balloon 234	bed 56	blusher 198
ball-point pen 169	bedroom 56	boarding pass 151
bamboo 255	bee 246	boat 149
banana 252	beef cutlets 106	bob 37
bandage 97	beer 111	bobby pin 198
band-aid 96	beetle 246	boiled rice 107
bank 102	beginning 277	bone 19
bank charge 103	behind 272	bone fracture 100
bank officer 103	beige 267	bonus 165
banker 161	bellboy 113	bookcase 51
banner 172	belly 14	bookstore 89
bar 110	belt 195	boot 171
bar code 183	bet 223	boots 194
barbecue 107	between 273	boring 35
barbell 218	beverage 187	botanical garden 235
barhopping 111	bible 125	bottle 59
bark 254	bicycle 131, 132	bowl 53
bartender 110	big 274	bowling 210
base ball 214	big toe 16	bowtie 195
baseball 212	bill 245	box office 230
basement 49	billboard 231	boxing 211
basin 55	bin 50	boy 22
basketball 212	biology 121	bra 192
bassist 233	birds 243	bracelet 193
bat 214, 244	birth 22	brake 135
bathroom 54	birthday 78	brake lever 132
bathtub 55	birthday cake 204	brake pedal 137
baton 232	birthstone 203	branch 163, 254
battery 138	bitter 109	brand 183
bay 270	black 266	brave 35
BBS 174	bladder 19	Brazil 280
be absent 166	blank look 37	bread 186
be engaged to 26	blanket 56, 153	breakdown 139
be in charge of 166	blazer 190	breakwater 149
be pregnant 25	bleeding 100	breath 33
beach 227	blender 53	bribery 123
beach ball 227	blind 101	bride 23
beach umbrella 226	blister 99	bridge 89

bright ⋯ 274	canned food ⋯ 186	chairman ⋯ 162
broccoli ⋯ 259	cap ⋯ 195	chamber ⋯ 233
bronze ⋯ 265	capital ⋯ 282	chamber-maid ⋯ 113
brooch ⋯ 193	capsule ⋯ 96	champagne ⋯ 111
broom ⋯ 61	car ⋯ 131, 136	chandelier ⋯ 51
brother ⋯ 20	car stereo ⋯ 138	change ⋯ 182
brother-in-law ⋯ 21	car wash ⋯ 139	change trains ⋯ 147
brown ⋯ 266	caramel ⋯ 204	changing table ⋯ 59
browser ⋯ 172	card ⋯ 223	channel ⋯ 228, 271
bruise ⋯ 100	card slot ⋯ 103	charm ⋯ 26
brush my teeth ⋯ 28	cardinal number ⋯ 66	check ⋯ 102, 108
bucket ⋯ 61	cards ⋯ 222	check-in ⋯ 112
bud ⋯ 254, 257	careful ⋯ 34	check-in counter ⋯ 151
Buddha ⋯ 125	careless ⋯ 34	check-out ⋯ 112
Buddhist ⋯ 124	cargo ⋯ 149	cheek ⋯ 12
Buddhist scriptures ⋯ 125	carousel ⋯ 152	Cheers ⋯ 111
bug ⋯ 174	carp ⋯ 248	chemistry ⋯ 120
building ⋯ 89	carpenter ⋯ 160	cheque ⋯ 182
bulletin board ⋯ 116	carpet ⋯ 50	chess ⋯ 221
bull-nose pliers ⋯ 60	carrier ⋯ 135	chest ⋯ 14, 59
bunk bed ⋯ 57	carrot ⋯ 258	chestnut ⋯ 252, 255
burn ⋯ 99	cash ⋯ 182	chew ⋯ 108
burp ⋯ 33	cash register ⋯ 182	chewing gum ⋯ 205
bus stop ⋯ 142	cashier ⋯ 103, 114, 182	chief(director) ⋯ 163
business ⋯ 157	cassette player ⋯ 201	child's meal ⋯ 107
business class ⋯ 150	cast ⋯ 93	child care ⋯ 26
business trip ⋯ 164	casual wear ⋯ 190	childhood ⋯ 23
busy streets ⋯ 89	cat ⋯ 241	Children's Day ⋯ 79
butterfly ⋯ 246	catch ⋯ 30	chill ⋯ 99
button ⋯ 190	cathedral ⋯ 124	chin ⋯ 13
	Catholic ⋯ 125	China ⋯ 278
C	Catholicism ⋯ 124	chin-up ⋯ 218
cabin ⋯ 148, 150	cave ⋯ 260	chocolate ⋯ 204
cable ⋯ 148	cavity ⋯ 100	chopsticks ⋯ 53
cactus ⋯ 257	CD player ⋯ 200	Christian ⋯ 124
calculation ⋯ 72	ceiling ⋯ 51	Christmas Day ⋯ 78
calculator ⋯ 167	cell ⋯ 19	chrysanthemum ⋯ 257
calendar ⋯ 67, 167	cello ⋯ 232	church ⋯ 124
calf ⋯ 17	centi- ⋯ 73	cinema ⋯ 88
calligraphy ⋯ 221	central reservation ⋯ 143	circle ⋯ 74
camcorder ⋯ 200	century ⋯ 81	citizen ⋯ 282
camel ⋯ 240	chain ⋯ 133	city ⋯ 87, 282
Canada ⋯ 279	chainsaw ⋯ 60	clam ⋯ 250
cancer ⋯ 100	chair ⋯ 56, 116	classmate ⋯ 117

289

classroom ········ 116	compartment ········ 144	crescent ········ 268
claw ········ 242, 245	computer ········ 167, 170	crib ········ 59
clean ········ 276	concert ········ 232	crib bumper ········ 59
clear ········ 263	conductor ········ 232	cricket ········ 247
clerk ········ 182	cone ········ 75	crime ········ 123
click ········ 171	conference ········ 164	cross ········ 143
cliff ········ 260	confused ········ 39	crossroad ········ 141
clinic ········ 114	connection ········ 153	crosswalk ········ 141
cloakroom ········ 114	constipation ········ 100	crow ········ 243
clock ········ 51	continent ········ 270	crowded ········ 147
close friend ········ 176	contract ········ 177	crown ········ 234
closed ········ 276	control tower ········ 151	cruise ········ 225
closet ········ 57	controls ········ 135	crust ········ 205
clothespin ········ 55	conversation ········ 176	crutches ········ 93
cloud ········ 262	convertible ········ 131	crystal ········ 202
cloudy ········ 262	cook ········ 158	cube ········ 75
club ········ 222	cookie ········ 174, 204	cucumber ········ 258
clutch ········ 138	cooking ········ 221	cuff ········ 190
coal ········ 264	copier ········ 167	culture ········ 282
coast-guard ········ 149	coral ········ 202	cup ········ 53
cockpit ········ 150	corn dog ········ 104	cupboard ········ 52
cockroach ········ 247	corridor ········ 114	Currency Exchange ········ 114
cocktail ········ 110	cosmetics ········ 196	curriculum ········ 118
cocoon ········ 247	cosmos ········ 257	curry and rice ········ 107
cod ········ 248	cotton candy ········ 234	cursor ········ 171
coffee table ········ 50	couch ········ 51	curtain ········ 50
coin ········ 102, 183	cough ········ 32, 98	customer ········ 103, 182
coke ········ 104	count ········ 69	customs ········ 153
cold ········ 38, 98, 275	counter ········ 183	cut ········ 100
cold tap ········ 55	country ········ 282	cute ········ 36
collar ········ 190	coupon ········ 183	cutting board ········ 53
colleague ········ 162	courage ········ 40	cuttlefish ········ 248
college ········ 117	cousin ········ 20	cycle lane ········ 133
color ········ 266	co-worker ········ 177	cycling ········ 210
coloring pencil ········ 116	CPU ········ 170	cylinder ········ 75
comb my hair ········ 28	crab ········ 249	
come in late ········ 166	cradle ········ 59	**D**
come to know ········ 26	craft ········ 221	
comedian ········ 228	cramp ········ 217	daily ········ 82
comedy ········ 231	crane ········ 244	dandelion ········ 256
commercial ········ 228	crash barrier ········ 140	danger ········ 143
communication ········ 176	credible ········ 35	dark ········ 274
commuting ········ 165	credit card ········ 102, 183	dashboard ········ 137
commuting time ········ 147	cremation ········ 23	date ········ 81
		daughter ········ 20

dawn ·············· 80	diploma ·············· 118	dress ·············· 192
day ·············· 79, 277	direct debit ·············· 103	dress shirt ·············· 188
day off ·············· 164	direction ·············· 143	dress shop ·············· 188
day trip ·············· 225	director ·············· 163, 231	dressing table ·············· 57
daytime ·············· 80	dirt road ·············· 141	drought ·············· 263
deaf ·············· 101	dirty ·············· 276	drum ·············· 233
deal ·············· 177, 23	disappointed ·············· 39	drummer ·············· 233
death ·············· 23	disaster film ·············· 231	dry ·············· 276
decade ·············· 81	dish ·············· 53	dubbing artist ·············· 229
December ·············· 77	dishcloth ·············· 53	duck ·············· 245
deck ·············· 148	dishwasher ·············· 201	dull ·············· 276
decoration ·············· 205	disinfection ·············· 94	dumpling ·············· 105
deduct ·············· 69	distance ·············· 72	dustcloth ·············· 61
deep end ·············· 217	dive ·············· 216	dustpan ·············· 61
deer ·············· 240	divide ·············· 69	duty-free shop ·············· 153
defence ·············· 277	division ·············· 73	
delicate ·············· 35	divorce ·············· 23	**E**
delicious ·············· 109	Do Not Disturb ·············· 114	eagle ·············· 243
dentist ·············· 93	dock ·············· 148	ear ·············· 13
department store ·············· 88	doctor ·············· 92, 158	ear muffs ·············· 195
departure lounge ·············· 151	dog ·············· 241	early ·············· 82
deposit ·············· 46	doll ·············· 59	earring ·············· 193
depression ·············· 40	domain ·············· 172	earth ·············· 268, 270
depth ·············· 72	domestic flight ·············· 152	earthworm ·············· 247
dermatology ·············· 92	door ·············· 48	east ·············· 261
desert ·············· 260, 271	doorlock ·············· 138	eat lunch ·············· 29
designer ·············· 161	doorbell ·············· 48	eat out ·············· 108
desk ·············· 56, 116	dormitory ·············· 117	eclipse ·············· 269
dessert ·············· 107	dorsal fin ·············· 250	economics ·············· 121
destination ·············· 153	dosage ·············· 97	economy class ·············· 150
detached house ·············· 46	double ·············· 69	education ·············· 117
detective ·············· 123	double bed ·············· 57	eel ·············· 250
detergent ·············· 55	double click ·············· 171	egg ·············· 186, 247
detour ·············· 143	double-decker bus ·············· 130	eggplant ·············· 259
developed country ·············· 282	doughnut ·············· 104	Egypt ·············· 281
diabetes ·············· 100	down ·············· 273	eight ·············· 66
dialect ·············· 177	download ·············· 172	eighteen ·············· 67
diamond ·············· 202, 222	downtown ·············· 88	eighteenth ·············· 71
diarrhea ·············· 100	doze ·············· 147	eighth ·············· 70
dictionary ·············· 117	draft beer ·············· 110	eighty ·············· 67
diesel ·············· 139	drag and drop ·············· 171	elbow ·············· 17
diligent ·············· 34	dragonfly ·············· 246	elder ·············· 22
dimple ·············· 13	drain ·············· 55	electric fan ·············· 200
dining car ·············· 146	drawer ·············· 56	electric home appliances ·············· 200

electrical goods	185
electricity	264
elementary school	117
elephant	240
elevator	114
eleven	67
eleventh	70
email	173
embroidery	220
emerald	202
emergency exit	150
emergency lights	138
emotion	38
Employees Only	114
employment	165
empty	147, 276
EMT	94
end	277
energy drink	187
engagement	23
engine	135, 138
engineer	146
engineering	121
English	120, 280
ensemble	233
ENT	92
entertainer	158, 229
entrance	145, 235
envelope	90
equator	271
eraser	116
essay	121
ethernet	174
ethics	121
Europe	280
even number	69
evening	80
evening dress	192
evidence	122
examination	117
ex-boyfriend	26
exclusive interview	229
excursion ship	149
executive director	163
exercise bike	219
exhausted	38
exit	146, 235
explain	177
express	146
express mail	91
eye	12
eye shadow	198
eyebrow	12
eyelashes	12

F

facial cream	196
factory	89
fake	203
falcon	243
fall	76
false eyelashes	197
family	20
fan	50
fan belt	138
FAQ	174
far	273
fare	146
farmer	160
fast	82, 274
fast food	104
fat	36, 275
father	20
father-in-law	21
fax machine	167
fear	40
feather	245
February	77
feces	33
feel dizzy	101
feeling	40
felt-tip pen	169
fence	49
fender	135
ferry	131
fever	98
fifteen	67
fifteenth	70

fifth	70
fifty	67
fig	253
file	61
fine art	120
finger	14
fire	265
fire wall	174
firefly	247
first	70
first class	150
fish	248
fishing boat	149
fishing rod	215
fist	16
fitting room	190
five	66
five-stars	114
flat tire	139
flatfish	248
flesh	19
flight attendant	158
flight number	153
flip-flops	194
flipper	215, 250
flood	262
floor	50
flour	187
flower language	257
flowers	256
flu	98
fly	246
flyover	140
fog	262
foggy	263
folder	169
font	173
food	107
food court	185, 186
food poisoning	100
foot	15
footrest	135
forehead	12
forest	260

forever ······ 82	gas ······ 264	grape ······ 251
fork ······ 53	gas stove ······ 201	grasshopper ······ 246
forsythia ······ 257	gate ······ 48	grassland ······ 260
forty ······ 67	gate number ······ 151	grave ······ 22
foundation ······ 196	gauze ······ 96	gray ······ 266
four ······ 66	gears ······ 133	Greece ······ 280
fourteen ······ 67	general manager ······ 163	green ······ 266
fourteenth ······ 70	generous ······ 35	green onion ······ 258
fourth ······ 70	geography ······ 121	greeting ······ 176
fox ······ 240	Germany ······ 280	groom ······ 23
fraction ······ 73	gesture ······ 176	grow ······ 23
fragile ······ 90	get a job ······ 166	guitar ······ 233
frame ······ 132	get a raise ······ 166	guitarist ······ 233
France ······ 281	get dressed ······ 28	gun ······ 122
fraud ······ 123	get drunk ······ 111	gym ······ 117, 218
freedom ······ 41	get off the train ······ 147	gypsophila ······ 256
freelancer ······ 165	get on the train ······ 147	
freelancing ······ 165	give up one's seat ······ 147	**H**
freighter ······ 149	get up ······ 28	hail ······ 263
french fries ······ 104	gift ······ 183	hair ······ 12
Friday ······ 79	gill ······ 250	hair dryer ······ 54
fried chicken ······ 104	gin and tonic ······ 111	half moon ······ 268
front desk ······ 112	ginger ······ 259	hamburger ······ 104
front door ······ 48	ginkgo ······ 255	hammer ······ 60
frost ······ 263	girl ······ 22	hamster ······ 242
frozen food ······ 187	give up one's seat ······ 147	hand ······ 14
fruit ······ 254	glider ······ 131	hand luggage ······ 152
fruits ······ 186, 251	globe ······ 116	handball ······ 213
frying pan ······ 52	glove ······ 195, 214	handcuffs ······ 123
fuel gauge ······ 137	glue ······ 61	handkerchief ······ 195
fuel tank ······ 134	go ······ 221	handlebar ······ 132, 134
full ······ 39, 276	go to bed ······ 29	hanger ······ 191
full moon ······ 268	go to work ······ 29	happy ······ 38, 276
full-time job ······ 165	gold ······ 202, 264	hard disk ······ 170
funeral ······ 22	golden ······ 203	hard shoulder ······ 140
future ······ 81	goldfish ······ 248	hat ······ 195
	gold-plated ······ 203	hatchet ······ 60
G	golf ······ 210	hatred ······ 41
galaxy ······ 269	good ······ 275	head ······ 12, 247
garage ······ 49	gorilla ······ 242	head rest ······ 138
garbage ······ 61	grade ······ 118	headache ······ 98
garden ······ 49	gram ······ 73	headlight ······ 135, 136
gardener ······ 160	grandfather ······ 20	headquarter ······ 163
garlic ······ 258	grandmother ······ 20	hear ······ 30
	grandparents ······ 21	

293

heart ········· 18, 222	hot dog ········· 104	insist ········· 177
heat ········· 265	hot tap ········· 55	inspection ········· 152
heater control ········· 138	hotel ········· 112	install ········· 171
heaven ········· 125	hour ········· 80	internal department ········· 94
heavy ········· 275	house ········· 46	international flight ········· 152
heel ········· 17	house owner ········· 46	Internet ········· 172
height ········· 36, 72	housewife ········· 161	Internet addiction ········· 173
helicopter ········· 130	hub ········· 133	interviewee ········· 162
hell ········· 125	hull ········· 148	interviewer ········· 162
helmet ········· 135, 214	human ········· 11	intestines ········· 18
hen ········· 244	human body ········· 12	introduction ········· 177
hepatitis(B) ········· 100	humid ········· 263	invitation card ········· 26
hexagon ········· 75	humidifier ········· 57, 201	invitation ········· 177
hiccup ········· 33	humorous ········· 38	Iran ········· 278
high ········· 274	hundred ········· 67	iris ········· 256
high heels ········· 194	hungry ········· 39	iron ········· 201, 265
high rise ········· 89	hurt ········· 100	Islam ········· 125
high-definition TV ········· 229	hymn ········· 125	island ········· 270
highlighter ········· 169		Italy ········· 281
high-speed train ········· 130	**I**	itch ········· 101
hill ········· 260	ice ········· 263	IV injection ········· 94
hip ········· 17	ice cream ········· 186	ivory ········· 267
hippo ········· 242	icicle ········· 262	
historic site ········· 225	icon ········· 171	**J**
hobbies ········· 220	ideal ········· 41	jack ········· 139, 222
hockey ········· 213	illness ········· 98	jacket ········· 188
hold a strap ········· 147	imitation ········· 203	jade ········· 202
home furnishings ········· 185	immigration ········· 152	January ········· 77
hometown ········· 282	in front of ········· 272	Japan ········· 278
homepage ········· 172	inbox ········· 173	jar ········· 53
homework ········· 117	Independence Day ········· 79	jeans ········· 188
honest ········· 35	independent country ········· 282	jet lag ········· 153
honesty ········· 41	index finger ········· 15	jewelry ········· 185, 203
honeymoon ········· 25	India ········· 278	jigsaw puzzle ········· 221
hood ········· 136	indigestion ········· 100	job title ········· 162
hoof ········· 242	Indonesia ········· 278	jogging ········· 210
hope ········· 41	information ········· 145	joint ········· 19
horizon ········· 261	information center ········· 235	joker ········· 222
horn ········· 137, 242	initialize ········· 171	juice ········· 186
horror ········· 231	injection shot ········· 93	jujube ········· 253
horse ········· 240	inner tube ········· 133	July ········· 77
horseback riding ········· 211	insects ········· 246	June ········· 77
hospital ········· 89, 92	inside ········· 272	junior high school ········· 117
hot ········· 36, 38, 275	inside lane ········· 140	junk mail ········· 91

just friend	25

K

karma	125
keep company with	24
ketchup	187
kettle	52
keyboard	170
keypad	103
kid	22
kidney	18
kilo-	73
kindergarten	117
kindness	41
king	222
kingdom	282
kitchen	52
kitchen ware	185
kiwi	253
knee	15
knee-length	193
knickers	192
knife	53
knitting	220
Korea	279
Korean language	121
Korean history	120
Korean Thanksgiving Day	78

L

ladder	60
ladle	53
lady bug	247
lake	260
lamp	56
lan (local area network)	174
land	153, 270
landscape	260
laptop	167, 170
larva	247
last	82
last week	82
late	82
later	82
latitude	271
lavatory	150
lawn	49
lawyer	159
lazy	35
leaf	254
leaflet	103
lease	46
leather shoes	194
leave one's office	166
left	272
leg	15
lemon	251
length	72
letter	90
lettuce	259
library	88
license plate	136
lid	53
life	23
lifeboat	149
lifeguard	217
life-vest	216
light	265, 275
lightening	262
lighthouse	149
lily	256
line	146
lining	191
lion	242
lip gloss	198
lips	13
lipstick	197
liquid	264
listen	30
listen to music	29
liter	73
literature	121
little finger	15
live	229
liver	18
living room	50
loaf	205
lobby	112
lobster	107, 249
lonely	39
longitude	271
look	30
looks	36
loose	190, 275
lose	223
Lost and found	146
lotus	257
lotus root	259
love	40
love triangle	24
low	274
luggage cart	152
luggage rack	144
Lunar New Year's Day	78
lung	18

M

mackerel	248
magpie	245
mail carrier	90
mailbox	49, 90
main building	112
main course	107
make love	26
make peace	26
Make Up Room	114
makeup	196
Malaysia	278
mall	182
managing director	163
mane	242
mansion	47
map	117
maple	255
March	77
marker	169
marriage	25
married	277
marry	26
Mars	269
mascara	196
mask	214

mass media ... 229	month ... 77	narrow ... 275
materials ... 264	monthly ... 82	nature ... 239
mathematics ... 121	monthly pass ... 146	nausea ... 98
May ... 77	monthly statement ... 103	navel ... 14
meal ... 108	moon ... 268	navy blue ... 267
mechanical pencil ... 169	morning ... 80	near ... 273
medical checkup ... 94	morning-glory ... 256	neck ... 14
medicine ... 97	mosquito ... 247	necklace ... 193
medium ... 108	moth ... 246	needle ... 61
meeting ... 177	mother ... 20	negative ... 177
men's wear ... 184	mother-in-law ... 21	negligee ... 193
menu ... 108	motion sickness ... 147	negotiation ... 165
mere clerk ... 163	motorbike ... 131	neighborhood ... 21
merry-go-round ... 234	motorcycle ... 134	nephew ... 20
metal ... 264	mountain ... 261	nest ... 245
metal detector ... 152	mountain bike ... 133	Netherlands ... 280
meter ... 73	mountain range ... 270	neuron ... 19
Mexico ... 279	mouse ... 170, 242	new ... 274
microwave ... 52	mousse ... 198	New Year's Day ... 79
middle finger ... 15	mouth ... 13	newcomer ... 163
middle lane ... 140	movie ... 230	newly-married couple ... 26
midnight ... 80	movie cartoon ... 228	next ... 273
migraine ... 100	movie theater ... 231	next week ... 82
migrant bird ... 245	Mr. Right ... 24	Nigeria ... 281
mile ... 73	muffin ... 204	night ... 80, 277
milk ... 186	muffler ... 135	night tour ... 224
milk shake ... 105	multiplication ... 73	nightdress ... 193
milky way ... 269	multiply ... 69	nine ... 66
milli- ... 73	murder ... 123	nineteen ... 67
million ... 68	muscle ... 19	nineteenth ... 71
mint ... 205	museum ... 89	ninety ... 67
minute ... 80	mushroom ... 259	ninth ... 70
mirror ... 54	music ... 120	no entry ... 143
miss one's stop ... 147	musician ... 233	noon ... 80
mittens ... 195	Muslim ... 125	north ... 261
mobile ... 59	mustache ... 13	North Pole ... 270
mobile phone ... 168	mustard ... 187	nose ... 12
model making ... 220	must-see ... 225, 229	nosebleed ... 98
modest ... 35		note ... 102, 183
mole ... 13	**N**	novelist ... 161
moment ... 82	nail ... 16, 60	November ... 77
Monday ... 79	nail polish ... 197	now ... 82
monitor ... 170	name plate ... 49	numbers ... 65
monkey ... 241	narrator ... 228	nurse ... 93

nutrition ········· 108

O

o'clock ········· 83
oak ········· 255
obesity ········· 100
observatory ········· 224
obstetrics and gynecology ··· 92
occupations ········· 158
ocean ········· 270
October ········· 77
octopus ········· 248
oculist ········· 94
odd number ········· 69
odds and ends ········· 60
odometer ········· 137
office ········· 167
office supplies ········· 169
office table ········· 167
oil ········· 139, 187, 264
ointment ········· 96
old ········· 274
omelet over rice ········· 107
on the rocks ········· 111
on top of ········· 273
one ········· 66
one sided love ········· 24
one-way ········· 141
one-way ticket ········· 146
onion ········· 258
on-line ········· 174
open ········· 276
operation ········· 94
opinion ········· 177
opposite ········· 273
orange ········· 252, 267
orchestra ········· 232
orchid ········· 256
order ········· 108
ordinal number ········· 70
organs ········· 18
origami ········· 220
ostrich ········· 244
outbox ········· 174

outlet ········· 61
outside ········· 272
outside lane ········· 140
oval ········· 74
oven ········· 53
overalls ········· 190
overeat ········· 108
overseas travel ········· 225
owl ········· 244
oyster ········· 249

P

pack of cards ········· 223
package ········· 91
packing tape ········· 169
pain ········· 100
painkiller ········· 97
painting ········· 51, 221
Pakistan ········· 279
palm ········· 15, 255
pan ········· 53
pants ········· 188
pantyhose ········· 192
parakeet ········· 245
parallelogram ········· 74
Parent's Day ········· 79
parents ········· 21
parking brake ········· 137
parking lot ········· 142
parking violation ········· 139
parrot ········· 244
partition ········· 169
part-time job ········· 165
pass away ········· 23
passenger boat ········· 148
passport ········· 151
past ········· 81
pasta ········· 106
pastry ········· 205
patient ········· 34, 94
pay day ········· 165
payment ········· 103
peace ········· 41
peach ········· 251

peanut ········· 252
pear ········· 251
pearl ········· 202
pedal ········· 133
pediatrics ········· 92
peephole ········· 51
pelvis ········· 14
pencil ········· 116
pencil case ········· 116
penguin ········· 244
peninsula ········· 270
pension ········· 164
pentagon ········· 75
peony ········· 257
perfume ········· 197
perm ········· 37
persimmon ········· 252
personal trainer ········· 218
personality ········· 34
petal ········· 257
petrol ········· 139
petrol pump ········· 139
petrol station ········· 139
pharmacist ········· 97
pharmacy ········· 89, 96
Philippines ········· 279
phillips screw driver ········· 61
philosophy ········· 121
photography ········· 221
physical education ········· 120
physics ········· 121
physiological phenomena ··· 32
piano ········· 232
pickaxe ········· 61
pickpocket ········· 123
picture ········· 51
picture frame ········· 168
pig ········· 241
pigeon ········· 243
pill ········· 96
pillar ········· 51
pillow ········· 56
pin number ········· 103
pine ········· 255

297

pine nut ···· 253	postmark ···· 91	railway ···· 146
pineapple ···· 252	pot ···· 52	rain ···· 263
ping-pong ···· 211	potato ···· 258	rain coat ···· 190
pink ···· 267	potato chips ···· 204	rainbow ···· 262
placard ···· 89	pottery ···· 220	rainy ···· 263
planet ···· 268	potty ···· 58	raisin ···· 253
plant ···· 254	power ···· 265	rape ···· 123
plastic bag ···· 61	praying mantis ···· 247	rare ···· 108
plastic surgery ···· 94	precious metal ···· 203	rattle ···· 58
platanus ···· 255	pre-recorded ···· 229	read a person's palm ···· 16
plateau ···· 260	prescription ···· 94	reading ···· 220
platform ticket ···· 146	present ···· 81	real ···· 203
play double ···· 26	president ···· 163	real estate ···· 47
playground ···· 117	pretty ···· 36	rear-view mirror ···· 134, 137
pleasure ···· 40	price tag ···· 183	reception ···· 94
plug ···· 55	pride ···· 41	rectangle ···· 74
plum ···· 253	prime time ···· 229	red ···· 266
pocket ···· 190	printer ···· 170	red pepper ···· 259
podium ···· 232	professor ···· 159	reed ···· 257
poker face ···· 37	promotion ···· 164	refreshment stand ···· 230
Poland ···· 281	propose ···· 23	refrigerator ···· 52
police officer ···· 122	pros and cons ···· 177	refund ···· 183
police station ···· 88, 122	prow ···· 148	registered mail ···· 91
policeman ···· 158	psychiatrist ···· 93	regret ···· 41
polite ···· 35	psychology ···· 121	regulator ···· 215
pollen ···· 257	pumpkin ···· 258	reject ···· 26
polo shirt ···· 188	pupa ···· 247	relationship ···· 177
polystyrene foam ···· 61	puppy love ···· 26	relative ···· 21
ponytail ···· 37	purple ···· 266	religion ···· 124
pool ···· 216	push-up ···· 219	remodel ···· 47
poor ···· 277	pyramid ···· 75	remote control ···· 51
popcorn ···· 230	quarantine ···· 153	rent ···· 46
poplar ···· 255	quarterdeck ···· 148	repair shop ···· 139
population ···· 282	queen ···· 222	reply ···· 174
porch ···· 49		report card ···· 118
pork cutlet ···· 106	**R**	republic ···· 282
port ···· 148	rabbit ···· 241	re-run ···· 229
portable phone ···· 168	racing girl ···· 159	reservation ···· 225
portal site ···· 174	racket ···· 214	reservation counter ···· 153
Portugal ···· 281	radar ···· 148	reserve ···· 114
position ···· 272	radiator ···· 138	residence ···· 47
positive ···· 177	radish ···· 258	resignation ···· 164
post office ···· 89, 90	rafting ···· 212	restaurant ···· 106
postal clerk ···· 90	railroad station ···· 144	restroom ···· 146

retirement 165	salad 106	seat 134, 144, 230
rhombus 74	salaried man 161	seat belt 138
rib cage 14	salary 165	seaweed 250
rice 186	saliva 33	second 70, 80
rice cooker 52	salmon 248	secretary 162
rich 277	salt 187	security 152
ride 235	salty 109	security guard 102
right 272	sampler 110	sedative 97
rim 133	sand 227	seed 254
ring finger 15	sandals 194	selfish 35
river 261	sandwich 104	senior high school 117
road bike 133	sanitary towel 97	September 77
roads 140	sapphire 202	serve 108
robber 123	sardine 248	service 125
rock 261	satellite 269	seven 66
rod 149	Saturday 79	seventeen 67
role 231	Saudi Arabia 278	seventeenth 71
roller coaster 234	savings 103	seventh 70
roof 48	saw 60	seventy 67
rooster 244	scale 91, 250	shampoo 54
root 254	scanner 170, 183	shape 74
rose 256	scar 13	shark 249
rot 109	scarf 195	sharp 276
rotten 109	schedule book 168	shave 28
round neck 190	scholarship 118	sheet 56
round-trip ticket 146	school 88, 116	ship 131
route map 145	school infirmary 117	shoe cabinet 194
router 174	science 120	shoehorn 194
row houses 47	science fiction 231	shoelace 194
ruby 202	scissors 60	shoes 194
rudder 149	scooter 131	shooting star 268
rude 34	score 232	shop 88
rug 51	scorpion 247	shopping 181
rugby 213	scrape 101	shopping cart 182
ruler 116	scratch 100	short 36, 274
rum 111	screen 230	shorts 189
runny nose 100	screw driver 60	shoulder 14
runway 152	scuba diving 211	shoulder pad 193, 215
Russia 280	sea 149, 227, 270	shovel 60
	sea food 106	shower 263
S	seagull 226, 243	shower head 55
sad 38, 276	seashell 226	shrimp 249
saddle 132	seasick 225	shuffle 223
sadness 40	season 76	shy 34

299

sick leave	165	
side order	107	
side-view mirror	136	
sidewalk	141	
sigh	32	
sightseeing	224	
signature	103	
signboard	88	
silver	202, 267	
singer	158, 229	
single	277	
single bed	57	
single (room)	113	
sink	52	
sister	20	
sister-in-law	21	
site	174	
sit-up	219	
six	66	
sixteen	67	
sixteenth	71	
sixth	70	
sixty	67	
size	72	
skate boarding	211	
skates	215	
ski jumper	190	
skiing	210	
skin	19	
skin care	97, 198	
skinny	36	
skirt	192	
skull	13	
sky	263	
sky diving	211	
skylark	243	
sleep	57	
sleeping car	144	
sleeping pill	97	
sleepy	38	
sleet	263	
sleeveless	193	
slice	205	
slide	235	
slip	193
slope	261
slow	82, 274
small	274
smoke	265
snack(s)	105, 187
snack bar	234
snake	241
sneakers	194
sneeze	32, 98
snow	262
snow boarding	211
soap	54
soap opera	229
soccer	212
soccer ball	215
social studies	121
socks	194
soft drink	105, 186
softball	213
soil	264
soldier	159
solid	265
sometimes	82
son	20
son-in-law	21
soon	82
sore muscles	100
sort	171
sound	30
soup	106
sour	109
south	261
South Africa	281
South Pole	270
souvenir	224
soy sauce	187
space	268
space shuttle	269
spade	222
Spain	280
spare tire	139
sparking water	110
sparkling eyes	37
sparrow	243
special day	78
speed	72
speed limit	143
speedometer	137
sphere	75
spice	187
spicy	109
spider	246
spinach	258
spine	19
spoke	133
sponge	196
sponge cake	204
spoon	53
sports	210
sports equipment	214
sportsman	158
spouse	26
sprain	101
spring	76
square	74
square meter	73
staff	162
stamp	90
stamp collecting	221
standby	153
stapler	168
star	268
starfish	250
starter	107
stationery	184
steak	106
steal	123
steam	265
steering wheel	137
stem	254
stereo system	200
stern	148
stiff neck	100
sting	247
stockings	193
stomach	18
stopover	147

stopwatch	215	
storm	263	
straw	104	
strawberry	251	
stream	260	
street light	142	
street tree	89	
stretch	33	
stretch suit	59	
stroller	59	
strong	277	
student	116	
studio	47	
stuffed animal	58	
stupid	35	
subject	120	
subtraction	73	
subway	130	
subway entrance	146	
suffering	40	
sugar	187	
suit	223	
suite	114	
summer	76	
sun	226, 268	
sunbath	226	
Sunday	79	
sunflower	256	
sunglasses	226	
sunny	262	
sunrise	227	
sunscreen	226	
sunset	227	
supervisor	162	
suppository	97	
surf	172	
surgery	92	
surprised	39	
suspenders	193	
suspension	135	
swallow	243	
swan	243	
sweat	32	
sweat suit	189	
sweater	188	
sweet	105	
sweet potato	258	
sweetheart	25	
sweets	204	
swell	101	
swim(ming) cap	217	
swim(ming) glasses	216	
swim(ming) suit	192, 216	
swing	58, 235	
Switzerland	280	
symphony	233	
syrup	96	
system board	170	

T

tachometer	137	
taco	105	
tail	150, 242	
tail feather	245	
tail fin	250	
tail plane	150	
taillight	135, 136	
Taiwan	278	
take a break	166	
take a day off	166	
take a shower	29	
take off	153, 191	
talk show host	228	
talkative	34	
tall	36, 274	
tangerine	251	
tape measure	61	
taste	30	
tasty	105	
taxi driver	159	
teacher	116, 159	
tear	32	
technology	269	
telephone	168, 200	
teller	102	
temple	124	
temptation	40	
ten	66	
tenant	46	
tennis	211	
tennis ball	214	
tension	41	
tenth	70	
term	118	
terminal	146	
terminal building	152	
textbook	116	
Thailand	278	
the 60th birthday	79	
the center	272	
the day after tomorrow	81	
the day before yesterday	81	
the first train	147	
the last train	147	
the lines of the palm	16	
the other sex	26	
the same sex	26	
thermometer	93	
thickness	72	
thief	122	
thigh	17	
thin	275	
third	70	
thirsty	38	
thirteen	67	
thirteenth	70	
thirty	67	
this week	82	
thorax	247	
thousand	68	
thread	61	
three	66	
thriller	231	
thumb	15	
thumbtack	168	
thunder	263	
Thursday	79	
ticket	139	
ticket inspector	145	
ticket machine	145	
ticket window	146	
tie	195	

tiger ········· 240	treatment ········· 94	underwear ········· 190
tight ········· 190, 275	triangle ········· 74	United Kingdom ········· 280
time ········· 80	trombone ········· 232	up ········· 273
timetable ········· 145	trout ········· 249	upset ········· 38
tip ········· 113	truck ········· 131	urine ········· 32
tire ········· 135, 136	trumpet ········· 232	urology ········· 94
tired ········· 38	trunk ········· 136, 254	
toaster ········· 52	truth ········· 41	**V**
today ········· 81	t-shirt ········· 188	vacancy ········· 114
toe ········· 17	tube ········· 216	vacation ········· 225
toenail ········· 16	Tuesday ········· 79	vacuum cleaner ········· 50
toilet ········· 55	tuition ········· 118	Valentine's Day ········· 78
toilet paper ········· 54	tulip ········· 257	valley ········· 260
toilet seat ········· 54	tuna ········· 249	valve ········· 133
tollgate ········· 140	Turkey ········· 279	vegetable ········· 186, 258
tomato ········· 259	turn ········· 223	vegetarian ········· 108
tomorrow ········· 81	turn off ········· 201	vehicles ········· 130
ton ········· 73	turn on ········· 201	Venus ········· 269
toner ········· 196	turn signal ········· 136	vessel ········· 149
tongue ········· 13	turtle ········· 249	vest ········· 190, 219
tonic lotion ········· 196	tuxedo ········· 189	victim ········· 122
tooth ········· 13	TV ········· 51, 228	Vietnam ········· 278
toothbrush ········· 54	TV personality ········· 159	village ········· 282
toothpaste ········· 54	TV set ········· 200	vinegar ········· 187
topaz ········· 202	twelfth ········· 70	viola ········· 233
topic ········· 177	twelve ········· 67	violet ········· 256
touch ········· 30	twentieth ········· 71	violin ········· 232
tourist ········· 224	twenty ········· 67	virus ········· 99
tourist bus ········· 130	twenty-first ········· 71	visa ········· 153
towel ········· 54	twenty-one ········· 67	v-neck ········· 190
toy ········· 58	twin (room) ········· 113	vodka ········· 111
toy chest ········· 59	two ········· 66	voice ········· 30
toys ········· 184	try on ········· 191	volcano ········· 261
trachea ········· 18		volleyball ········· 212
track ········· 235	**U**	volume ········· 72
traffic sign ········· 142	U. S. A ········· 279	vomiting ········· 99
traffic signal ········· 142	ugly ········· 277	
tragedy ········· 231	uncle ········· 20	**W**
train ········· 130, 144, 219	under ········· 273	waistband ········· 193
transportation ········· 129	underdeveloped country ··· 282	waiter ········· 108
travel ········· 224	undergraduate ········· 118	waiting room ········· 145
tray ········· 105	underground shopping center ··· 89	waitress ········· 108
tread ········· 133	underpants ········· 189	wake up ········· 28
treadmill ········· 218	underpass ········· 140	wake-up call ········· 113

walker ·····58	wetsuit ·····215	women's wear ·····184, 192
walking ·····211	whale ·····249	work ·····164
walkway ·····153	wheelchair ·····94	work out ·····211
wall ·····48	whiskey ·····111	work overtime ·····166
walnut ·····252	white ·····266	working hours ·····165
warehouse ·····49	whiteout ·····169	works of art ·····224
warm-up ·····219	wide ·····275	world ·····282
wash my face ·····28	widow ·····23	worry ·····41
washing machine ·····55, 201	widower ·····23	wound ·····99
watch TV ·····29	width ·····72	wrap ·····183
water ·····265	wild goose ·····245	wrecker ·····139
water slide ·····217	will ·····22	wrinkle ·····13
waterfall ·····260	willow ·····255	wrist ·····16
watermelon ·····251	win ·····223	
wave ·····226	wind ·····32, 263	**Y**
weak ·····277	wind surfing ·····210	yacht ·····131
weather ·····262	window ·····48, 91, 103	yard ·····49
Wednesday ·····79	window shopping ·····183	yawn ·····33
weed ·····257	windshield ·····136	yellow ·····266
weekday ·····81	windy ·····263	yesterday ·····81
weekend ·····81	wine ·····110	youth ·····22
weekly ·····82	wing ·····150, 245	
weight ·····36, 72	winter ·····76	**Z**
weight lifting ·····218	wiper ·····136	zebra ·····240
well-done ·····108	wire ·····61	zero ·····66
well-dressed ·····190	wisdom ·····40	zip code ·····90
west ·····261	wise ·····35	zoo ·····234
wet ·····276	witness ·····123	
wet towel ·····108	wolf ·····241	

INDEX 한글 색인

ㄱ

가게 · · · · · · · · · · · · · · · · 88
가구 · · · · · · · · · · · · · · · · 185
가까운 · · · · · · · · · · · · · · · 273
가난한 · · · · · · · · · · · · · · · 277
가드레일 · · · · · · · · · · · · · 140
가득한 · · · · · · · · · · · · · · · 276
가려움 · · · · · · · · · · · · · · · 101
가로, 폭 · · · · · · · · · · · · · · · 72
가로등 · · · · · · · · · · · · · · · 142
가로수 · · · · · · · · · · · · · · · · 89
가뭄 · · · · · · · · · · · · · · · · · 263
가볍다 · · · · · · · · · · · · · · · 275
가봉실 · · · · · · · · · · · · · · · 190
가속페달 · · · · · · · · · · · · · 137
가수 · · · · · · · · · · · · · 158, 229
가스레인지 · · · · · · · · · · · 201
가슴 · · · · · · · · · · · · · · · · · · 14
가슴(곤충) · · · · · · · · · · · · 247
가습기 · · · · · · · · · · · · 57, 201
가운데 · · · · · · · · · · · · · · · 272
가위 · · · · · · · · · · · · · · · · · · 60
가을 · · · · · · · · · · · · · · · · · · 76
가전제품 · · · · · · · · · · · · · 200
가족 · · · · · · · · · · · · · · · · · · 20
가지 · · · · · · · · · · · · · · · · · 254
가지(야채) · · · · · · · · · · · · 259
가짜속눈썹 · · · · · · · · · · · 197
가짜의 · · · · · · · · · · · · · · · 203
가터 · · · · · · · · · · · · · · · · · 193
가톨릭신자 · · · · · · · · · · · 125
각뿔 · · · · · · · · · · · · · · · · · · 75
간 · 18
간식 · · · · · · · · · · · · · · · · · 105
간염(B형) · · · · · · · · · · · · 100
간장 · · · · · · · · · · · · · · · · · 187
간판 · · · · · · · · · · · · · · · · · · 88
간호사 · · · · · · · · · · · · · · · · 93
갈기 · · · · · · · · · · · · · · · · · 242

갈대 · · · · · · · · · · · · · · · · · 257
갈매기 · · · · · · · · · · · 226, 243
갈비뼈 · · · · · · · · · · · · · · · · 14
갈색 · · · · · · · · · · · · · · · · · 266
감 · · · · · · · · · · · · · · · · · · · 252
감기 · · · · · · · · · · · · · · · · · · 98
감독 · · · · · · · · · · · · · · · · · 231
감사 · · · · · · · · · · · · · · · · · · 41
감자 · · · · · · · · · · · · · · · · · 258
감자칩 · · · · · · · · · · · · · · · 204
감자튀김 · · · · · · · · · · · · · 104
감정 · · · · · · · · · · · · · · · · · · 40
감탄 · · · · · · · · · · · · · · · · · · 41
갑판 · · · · · · · · · · · · · · · · · 148
갓길 · · · · · · · · · · · · · · · · · 140
강 · · · · · · · · · · · · · · · · · · · 261
강간 · · · · · · · · · · · · · · · · · 123
강당 · · · · · · · · · · · · · · · · · 117
강도 · · · · · · · · · · · · · · · · · 123
강한 · · · · · · · · · · · · · · · · · 277
같은 짝의 패 · · · · · · · · · · 223
개 · · · · · · · · · · · · · · · · · · · 241
개그맨 · · · · · · · · · · · · · · · 228
개나리 · · · · · · · · · · · · · · · 257
개똥벌레 · · · · · · · · · · · · · 247
개미 · · · · · · · · · · · · · · · · · 246
개발도상국 · · · · · · · · · · · 282
개울 · · · · · · · · · · · · · · · · · 260
개인코치 · · · · · · · · · · · · · 218
개축 · · · · · · · · · · · · · · · · · · 47
객실(열차) · · · · · · · · · · · · 144
객실(비행기) · · · · · · · · · · 150
거래 · · · · · · · · · · · · · · · · · 177
거리 · · · · · · · · · · · · · · · · · · 72
거미 · · · · · · · · · · · · · · · · · 246
거북이 · · · · · · · · · · · · · · · 249
거실 · · · · · · · · · · · · · · · · · · 50
거울 · · · · · · · · · · · · · · · · · · 54
거즈 · · · · · · · · · · · · · · · · · · 96

걱정 · · · · · · · · · · · · · · · · · · 41
건강진단 · · · · · · · · · · · · · · 94
건너다 · · · · · · · · · · · · · · · 143
건너편에 · · · · · · · · · · · · · 273
건배 · · · · · · · · · · · · · · · · · 111
건포도 · · · · · · · · · · · · · · · 253
걷기(산책) · · · · · · · · · · · · 211
걸레 · · · · · · · · · · · · · · · · · · 61
검사 · · · · · · · · · · · · · · · · · 152
검역 · · · · · · · · · · · · · · · · · 153
검정 · · · · · · · · · · · · · · · · · 266
검표원 · · · · · · · · · · · · · · · 145
게 · · · · · · · · · · · · · · · · · · · 249
게시판 · · · · · · · · · · · · · · · 116
게시판(인터넷) · · · · · · · · 174
게으른 · · · · · · · · · · · · · · · · 35
겨울 · · · · · · · · · · · · · · · · · · 76
겨자 · · · · · · · · · · · · · · · · · 187
견인차 · · · · · · · · · · · · · · · 139
결근 · · · · · · · · · · · · · · · · · 165
결혼하다 · · · · · · · · · · · · · · 26
결혼한 · · · · · · · · · · · · · · · 277
겸손한 · · · · · · · · · · · · · · · · 35
경도 · · · · · · · · · · · · · · · · · 271
경비 · · · · · · · · · · · · · · · · · 102
경비행기 · · · · · · · · · · · · · 131
경유 · · · · · · · · · · · · · · · · · 139
경적 · · · · · · · · · · · · · · · · · 137
경제학 · · · · · · · · · · · · · · · 121
경찰관 · · · · · · · · · · · 122, 158
경찰서 · · · · · · · · · · · · 88, 122
계곡 · · · · · · · · · · · · · · · · · 260
계기판 · · · · · · · · · · · · · · · 137
계란 · · · · · · · · · · · · · · · · · 186
계산 · · · · · · · · · · · · · · · · · · 72
계산기 · · · · · · · · · · · · · · · 167
계산대 · · · · · · · · · · · · · · · 182
계산서 · · · · · · · · · · · · · · · 108
계산원 · · · · · · · · · · · · · · · 182

계약 · · · · · · · · · · · · · 177	공을 던지다 · · · · · · · · · · · 31	9 · · · · · · · · · · · · · · · · · 66
계약직 · · · · · · · · · · · · 165	공을 잡다 · · · · · · · · · · · · 31	구급차 · · · · · · · · · · · · · 94
계절 · · · · · · · · · · · · · · 76	공을 차다 · · · · · · · · · · · · 31	구두 · · · · · · · · · · · · · · 194
계좌번호 · · · · · · · · · · · 102	공을 치다 · · · · · · · · · · · · 31	구두끈 · · · · · · · · · · · · · 194
고가도로 · · · · · · · · · · · 140	공장 · · · · · · · · · · · · · · · 89	구두주걱 · · · · · · · · · · · · 194
고객 · · · · · · · · · · 103, 182	공포물 · · · · · · · · · · · · · 231	구름 · · · · · · · · · · · · · · 262
고구마 · · · · · · · · · · · · · 258	공학 · · · · · · · · · · · · · · · 121	구명보트 · · · · · · · · · · · · 149
고급석 · · · · · · · · · · · · · 150	공항건물 · · · · · · · · · · · 152	구명조끼 · · · · · · · · · · · · 217
고도 · · · · · · · · · · · · · · 153	공화국 · · · · · · · · · · · · · 282	90 · · · · · · · · · · · · · · · · 67
고드름 · · · · · · · · · · · · · 262	과거 · · · · · · · · · · · · · · · 81	구역질 · · · · · · · · · · · · · · 98
고등어 · · · · · · · · · · · · · 248	과목 · · · · · · · · · · · · · · · 120	9월 · · · · · · · · · · · · · · · · 77
고등학교 · · · · · · · · · · · · 117	과식하다 · · · · · · · · · · · 108	구토 · · · · · · · · · · · · · · · 99
고래 · · · · · · · · · · · · · · 249	과일 · · · · · · · · · · 186, 251	국내선 · · · · · · · · · · · · · 152
고릴라 · · · · · · · · · · · · · 242	과자 · · · · · · · · · · · · · · · 187	국사 · · · · · · · · · · · · · · · 120
고무샌들 · · · · · · · · · · · · 194	과장 · · · · · · · · · · · · · · · 163	국어 · · · · · · · · · · · · · · · 121
고문 · · · · · · · · · · · · · · 163	과학 · · · · · · · · · · · · · · · 120	국자 · · · · · · · · · · · · · · · 53
고속열차 · · · · · · · · · · · · 130	관객 · · · · · · · · · · · · · · · 230	국제선 · · · · · · · · · · · · · 152
고양이 · · · · · · · · · · · · · 241	관계 · · · · · · · · · · · · · · · 177	국화 · · · · · · · · · · · · · · · 257
고원 · · · · · · · · · · · · · · 260	관광 · · · · · · · · · · · · · · · 224	군인 · · · · · · · · · · · · · · · 159
고장 · · · · · · · · · · · · · · 139	관광객 · · · · · · · · · · · · · 224	굴 · · · · · · · · · · · · · · · · 249
고정 사이클 · · · · · · · · · · 219	관광버스 · · · · · · · · · · · 130	권총 · · · · · · · · · · · · · · · 122
고체 · · · · · · · · · · · · · · 265	관대한 · · · · · · · · · · · · · · 35	권투 · · · · · · · · · · · · · · · 211
고추 · · · · · · · · · · · · · · 259	관절 · · · · · · · · · · · · · · · 19	귀 · · · · · · · · · · · · · · · · · 13
고층건물 · · · · · · · · · · · · · 89	관제탑 · · · · · · · · · · · · · 151	귀걸이 · · · · · · · · · · · · · 193
고통 · · · · · · · · · · · · · · · 40	관현악단 · · · · · · · · · · · 232	귀금속 · · · · · · · · · · · · · 203
고향 · · · · · · · · · · · · · · 282	광고성 우편 · · · · · · · · · · 91	귀뚜라미 · · · · · · · · · · · · 247
고화질TV · · · · · · · · · · · · 229	광고판 · · · · · · · · · · · · · 231	귀마개 · · · · · · · · · · · · · 195
곡괭이 · · · · · · · · · · · · · · 61	광고CF · · · · · · · · · · · · · 228	귀여운 · · · · · · · · · · · · · · 36
곤충 · · · · · · · · · · · · · · 246	광대 · · · · · · · · · · · · · · · 234	귤 · · · · · · · · · · · · · · · · 251
곧 · · · · · · · · · · · · · · · · · 82	광복절 · · · · · · · · · · · · · · 79	그냥 친구 · · · · · · · · · · · · · 25
골목 · · · · · · · · · · · · · · 141	광어 · · · · · · · · · · · · · · · 248	그네 · · · · · · · · · · · 58, 235
골반 · · · · · · · · · · · · · · · 14	교과서 · · · · · · · · · · · · · 116	그네를 타다 · · · · · · · · · · · 31
골절 · · · · · · · · · · · · · · 100	교사 · · · · · · · · · · 116, 159	그램 · · · · · · · · · · · · · · · · 73
골프 · · · · · · · · · · · · · · · 210	교수 · · · · · · · · · · · · · · · 159	그룹사운드 · · · · · · · · · · · 233
곰 · · · · · · · · · · · · · · · · 240	교실 · · · · · · · · · · · · · · · 116	그릇 · · · · · · · · · · · · · · · · 53
곱셈 · · · · · · · · · · · · · · · · 73	교육 · · · · · · · · · · · · · · · 117	그리스 · · · · · · · · · · · · · 280
곱슬머리 · · · · · · · · · · · · · 37	교육과정 · · · · · · · · · · · · 118	그림 · · · · · · · · · · · · · · · · 51
곱하다 · · · · · · · · · · · · · · 69	교통비 · · · · · · · · · · · · · 146	그림그리기 · · · · · · · · · · · 221
공격 · · · · · · · · · · · · · · · 277	교통신호등 · · · · · · · · · · · 142	그저께 · · · · · · · · · · · · · · 81
공기주입구 · · · · · · · · · · · 133	교통체증 · · · · · · · · · · · · 143	근로 · · · · · · · · · · · · · · · 164
공기필터 · · · · · · · · · · · · 138	교통표지판 · · · · · · · · · · · 142	근무시간 · · · · · · · · · · · · 165
공부하다 · · · · · · · · · · · · · 31	교향곡 · · · · · · · · · · · · · 233	근육 · · · · · · · · · · · · · · · · 19
공상과학물 · · · · · · · · · · · 231	교회 · · · · · · · · · · · · · · · 124	근육통 · · · · · · · · · · · · · 100
공예 · · · · · · · · · · · · · · · 221	구(球) · · · · · · · · · · · · · · 75	근접 통신망 · · · · · · · · · · · 174

305

글꼴 · · · · · · · · · · · · · · · 173	깜빡이 · · · · · · · · · · · · · · · 136	남자배우 · · · · · · · 160, 230
글러브 · · · · · · · · · · · · · · · 214	깨끗한 · · · · · · · · · · · · · · · 276	남자형제 · · · · · · · · · · · · · · · 20
긁힌 상처 · · · · · · · · · · · · 100	깨다 · · · · · · · · · · · · · · · · · 28	남자MC · · · · · · · · · · · · · · · 228
금 · · · · · · · · · · · · · 202, 264	껌 · · · · · · · · · · · · · · · · · · 205	남쪽 · · · · · · · · · · · · · · · · · 261
금도금된 · · · · · · · · · · · · · 203	꼬리 · · · · · · · · · · · 242, 245	납부 · · · · · · · · · · · · · · · · · 103
금붕어 · · · · · · · · · · · · · · · 248	꼬리(비행기) · · · · · · · · · 150	낮 · · · · · · · · · · · · · · 80, 277
금성 · · · · · · · · · · · · · · · · · 269	꼬리지느러미 · · · · · · · · 250	낮다 · · · · · · · · · · · · · · · · · 274
금속 · · · · · · · · · · · · · · · · · 264	꼬마 · · · · · · · · · · · · · · · · · · 22	낮은 탁자 · · · · · · · · · · · · · 50
금속 탐지기 · · · · · · · · · · 152	꼭 끼는 · · · · · · · · · · · · · 190	낮잠 자다 · · · · · · · · · · · · · 31
금요일 · · · · · · · · · · · · · · · · 79	꼭 봐야할 것 · · · · 225, 229	내과 · · · · · · · · · · · · · · · · · · 94
금으로 만든 · · · · · · · · · · · 203	꽃 · · · · · · · · · · · · · · · · · · 256	내기 · · · · · · · · · · · · · · · · · 223
급우 · · · · · · · · · · · · · · · · · 116	꽃가루 · · · · · · · · · · · · · · · 257	내릴 역을 놓치다 · · · · · · 147
급행 · · · · · · · · · · · · · · · · · 146	꽃말 · · · · · · · · · · · · · · · · · 257	내복약 · · · · · · · · · · · · · · · · 97
긍정적인 · · · · · · · · · · · · · 177	꽃봉오리 · · · · · · · · · · · · · 257	내일 · · · · · · · · · · · · · · · · · · 81
기관 · · · · · · · · · · · · · · · · · · 18	꽃잎 · · · · · · · · · · · · · · · · · 257	냄비 · · · · · · · · · · · · · · · · · · 52
기관사 · · · · · · · · · · · · · · · 146	끄다 · · · · · · · · · · · · · · · · · 201	냉각장치 · · · · · · · · · · · · · 138
기관실 · · · · · · · · · · · · · · · 149	끝 · · · · · · · · · · · · · · · · · · 277	냉동식품 · · · · · · · · · · · · · 187
기구 · · · · · · · · · · · · · · · · · 130		냉수꼭지 · · · · · · · · · · · · · · 55
기념일 · · · · · · · · · · · · · · · · 79	**ㄴ**	냉장고 · · · · · · · · · · · · · · · · 52
기념품 · · · · · · · · · · · · · · · 224	나누다 · · · · · · · · · · · · · · · · 69	넓다 · · · · · · · · · · · · · · · · · 275
기독교인 · · · · · · · · · · · · · 124	나눗셈 · · · · · · · · · · · · · · · · 73	넓이(면적) · · · · · · · · · · · · · 72
기둥 · · · · · · · · · · · · · · · · · · 51	나라 · · · · · · · · · · · · · · · · · 282	네 번째 · · · · · · · · · · · · · · · · 70
기러기 · · · · · · · · · · · · · · · 245	나무 몸통 · · · · · · · · · · · · 254	네덜란드 · · · · · · · · · · · · · 280
기름 · · · · · · · · · · · · · · · · · 264	나무껍질 · · · · · · · · · · · · · 254	넥타이 · · · · · · · · · · · · · · · 195
기린 · · · · · · · · · · · · · · · · · 240	나무에 오르다 · · · · · · · · · 31	노 · · · · · · · · · · · · · · · · · · 149
기숙사 · · · · · · · · · · · · · · · 117	나방 · · · · · · · · · · · · · · · · · 246	노랑 · · · · · · · · · · · · · · · · · 266
기술(과학) · · · · · · · · · · · · 269	나비 · · · · · · · · · · · · · · · · · 246	노선 · · · · · · · · · · · · · · · · · 146
기어(톱니) · · · · · · · · · · · · 133	나비넥타이 · · · · · · · · · · · 195	노선도 · · · · · · · · · · · · · · · 145
기저귀 교환대 · · · · · · · · · 59	나쁜 · · · · · · · · · · · · · · · · · 275	노인 · · · · · · · · · · · · · · · · · · 22
기지개 · · · · · · · · · · · · · · · · 33	나이지리아 · · · · · · · · · · · 281	노트북컴퓨터 · · · · 167, 170
기체 · · · · · · · · · · · · · · · · · 264	나이테 · · · · · · · · · · · · · · · 254	녹색 · · · · · · · · · · · · · · · · · 266
기침 · · · · · · · · · · · · · · 32, 98	나중에 · · · · · · · · · · · · · · · · 82	녹초가 된 · · · · · · · · · · · · · 38
기타 · · · · · · · · · · · · · · · · · 233	나팔꽃 · · · · · · · · · · · · · · · 256	녹화방송 · · · · · · · · · · · · · 229
기타연주자 · · · · · · · · · · · 233	낙타 · · · · · · · · · · · · · · · · · 240	놀란 · · · · · · · · · · · · · · · · · · 39
기후 · · · · · · · · · · · · · · · · · 262	낚시 · · · · · · · · · · · · · · · · · 211	놀이공원 · · · · · · · · · · · · · 234
긴장 · · · · · · · · · · · · · · · · · · 41	낚싯대 · · · · · · · · · · · · · · · 215	농구 · · · · · · · · · · · · · · · · · 212
김 · · · · · · · · · · · · · · · · · · 250	난방조절장치 · · · · · · · · · 138	농부 · · · · · · · · · · · · · · · · · 160
깁스 · · · · · · · · · · · · · · · · · · 93	난초 · · · · · · · · · · · · · · · · · 256	높다 · · · · · · · · · · · · · · · · · 274
깃털 · · · · · · · · · · · · · · · · · 245	날개 · · · · · · · · · · · · 150, 245	높이 · · · · · · · · · · · · · · · · · · 72
깊은 곳 · · · · · · · · · · · · · · 217	날짜 · · · · · · · · · · · · · · · · · · 81	뇌물 · · · · · · · · · · · · · · · · · 123
깊이 · · · · · · · · · · · · · · · · · · 72	낡은 · · · · · · · · · · · · · · · · · 274	누에고치 · · · · · · · · · · · · · 247
까마귀 · · · · · · · · · · · · · · · 243	남극 · · · · · · · · · · · · · · · · · 270	눈(雪) · · · · · · · · · · · · · · · 262
까치 · · · · · · · · · · · · · · · · · 245	남성복 · · · · · · · · · · · · · · · 184	눈(目) · · · · · · · · · · · · · · · · 12
깔개 · · · · · · · · · · · · · · · · · · 51	남아공 · · · · · · · · · · · · · · · 281	눈물 · · · · · · · · · · · · · · · · · · 32

눈썹 · · · · · · · · · · · · · 12	대머리 · · · · · · · · · · · · · · · 37	동영상카메라 · · · · · · · · · 200
느리다 · · · · · · · · · · 82, 274	대문 · · · · · · · · · · · · · · · · 48	동전 · · · · · · · · · · · · 102, 183
느슨한 · · · · · · · · · · · · · 275	대변 · · · · · · · · · · · · · · · · 33	동쪽 · · · · · · · · · · · · · · · 261
늑대 · · · · · · · · · · · · · · 241	대양 · · · · · · · · · · · · · · · 270	돼지 · · · · · · · · · · · · · · · 241
늦은 · · · · · · · · · · · · · · · 82	대추 · · · · · · · · · · · · · · · 253	돼지고기 · · · · · · · · · · · · 107
	대학교 · · · · · · · · · · · · · 117	두 배로 하다 · · · · · · · · · 69
ㄷ	대학생 · · · · · · · · · · · · · 118	두 번째 · · · · · · · · · · · · · 70
다락 · · · · · · · · · · · · · · · 49	대합 · · · · · · · · · · · · · · · 250	두개골 · · · · · · · · · · · · · · 13
다리 · · · · · · · · · · · · · · · 15	대합실 · · · · · · · · · · · · · 145	두께 · · · · · · · · · · · · · · · 72
다리미 · · · · · · · · · · · · · 201	대화 · · · · · · · · · · · · · · · 176	두려움 · · · · · · · · · · · · · · 40
다섯 번째 · · · · · · · · · · · · 70	더듬이 · · · · · · · · · · · · · 247	두통 · · · · · · · · · · · · · · · 98
다운되다 · · · · · · · · · · · 171	더러운 · · · · · · · · · · · · · 276	둔하다 · · · · · · · · · · · · · 276
다운로드 · · · · · · · · · · · 172	더블클릭 · · · · · · · · · · · 17.1	둥지 · · · · · · · · · · · · · · · 245
다음 주 · · · · · · · · · · · · · 82	더운 · · · · · · · · · · · · · · · · 38	뒤꿈치 · · · · · · · · · · · · · · 17
다이빙(하다) · · · · · · · · · 216	더하다 · · · · · · · · · · · · · · 69	뒤에 · · · · · · · · · · · · · · · 272
다이아몬드 · · · · · · 202, 222	덥다 · · · · · · · · · · · · · · · 275	뒤쪽 라이트 · · · · · · · · · 136
다이어리 · · · · · · · · · · · 168	덧셈 · · · · · · · · · · · · · · · · 73	뒷갑판 · · · · · · · · · · · · · 148
단독주택 · · · · · · · · · · · · 46	도끼 · · · · · · · · · · · · · · · · 60	뒷자리 · · · · · · · · · · · · · 138
단련하다 · · · · · · · · · · · 219	도넛 · · · · · · · · · · · · · · · 104	드라이버 · · · · · · · · · · · · 60
단발머리 · · · · · · · · · · · · 37	도덕 · · · · · · · · · · · · · · · 121	드럼 · · · · · · · · · · · · · · · 233
단추 · · · · · · · · · · · · · · · 190	도둑 · · · · · · · · · · · · · · · 122	드럼연주자 · · · · · · · · · · 233
단풍나무 · · · · · · · · · · · 255	도로 · · · · · · · · · · · · · · · 140	듣다 · · · · · · · · · · · · · · · · 30
닫힌 · · · · · · · · · · · · · · · 276	도로요금징수소 · · · · · · · 140	등 · · · · · · · · · · · · · · · · · 17
달 · · · · · · · · · · · · · · · · · 268	도마 · · · · · · · · · · · · · · · · 53	등기 · · · · · · · · · · · · · · · · 91
달력 · · · · · · · · · · · · 76, 167	도서관 · · · · · · · · · · · · · · 88	등대 · · · · · · · · · · · · · · · 149
달콤한 · · · · · · · · · · · · · 105	도시 · · · · · · · · · · · · · · · 282	디자이너 · · · · · · · · · · · · 161
닭고기 · · · · · · · · · · · · · 107	도예 · · · · · · · · · · · · · · · 220	딱정벌레 · · · · · · · · · · · 246
담당하다 · · · · · · · · · · · 166	도중하차 · · · · · · · · · · · 147	딸 · · · · · · · · · · · · · · · · · 20
담요(이불) · · · · · · · · · · · 56	도착/출발 표시화면 · · · · 152	딸기 · · · · · · · · · · · · · · · 251
당구 · · · · · · · · · · · · · · · 210	독감 · · · · · · · · · · · · · · · · 98	딸꾹질 · · · · · · · · · · · · · · 33
당근 · · · · · · · · · · · · · · · 258	독립국 · · · · · · · · · · · · · 282	딸랑이 · · · · · · · · · · · · · · 58
당뇨병 · · · · · · · · · · · · · 100	독서 · · · · · · · · · · · · · · · 220	땀 · · · · · · · · · · · · · · · · · 32
당일여행 · · · · · · · · · · · 225	독서하다 · · · · · · · · · · · · 31	땅콩 · · · · · · · · · · · · · · · 252
당황한 · · · · · · · · · · · · · · 39	독수리 · · · · · · · · · · · · · 243	때때로 · · · · · · · · · · · · · · 82
닻 · · · · · · · · · · · · · · · · · 148	독일 · · · · · · · · · · · · · · · 280	떡갈나무 · · · · · · · · · · · 255
닻줄 · · · · · · · · · · · · · · · 148	독점인터뷰 · · · · · · · · · · 229	뚜껑 · · · · · · · · · · · · · · · · 53
닿다, 만지다 · · · · · · · · · · 30	돈까스 · · · · · · · · · · · · · 106	뚱뚱하다 · · · · · · · · 36, 275
대구 · · · · · · · · · · · · · · · 248	동굴 · · · · · · · · · · · · · · · 260	뜨개질 · · · · · · · · · · · · · 220
대기 · · · · · · · · · · · · · · · 271	동그라미 · · · · · · · · · · · · · 74	
대나무 · · · · · · · · · · · · · 255	동료 · · · · · · · · · · · · 162, 177	**ㄹ**
대답 · · · · · · · · · · · · · · · 174	동물 · · · · · · · · · · · · · · · 240	라켓 · · · · · · · · · · · · · · · 214
대륙 · · · · · · · · · · · · · · · 270	동물원 · · · · · · · · · · · · · 234	래프팅 · · · · · · · · · · · · · 212
대리 · · · · · · · · · · · · · · · 163	동물인형(헝겊) · · · · · · · · 58	램프 · · · · · · · · · · · · · · · · 56
대만 · · · · · · · · · · · · · · · 278	동성 · · · · · · · · · · · · · · · · 26	러닝머신 · · · · · · · · · · · · 218

307

러닝셔츠 · · · · · · · · · · · · · 219	매 · · · · · · · · · · · · · · · · · · 243	모임 · · · · · · · · · · · · · · · · · 177
러시아 · · · · · · · · · · · · · · · 280	매년의 · · · · · · · · · · · · · · · · 82	모자 · · · · · · · · · · · · · · · · · 195
럭비 · · · · · · · · · · · · · · · · · 213	매니큐어 · · · · · · · · · · · · · 197	모자(챙 달린 것) · · · · · · · 195
럼주 · · · · · · · · · · · · · · · · · 111	매력 · · · · · · · · · · · · · · · · · · 26	모조품 · · · · · · · · · · · · · · · 203
레몬 · · · · · · · · · · · · · · · · · 251	매력적인 · · · · · · · · · · · · · · 36	모포 · · · · · · · · · · · · · · · · · 153
레스토랑 · · · · · · · · · · · · · 106	매스컴 · · · · · · · · · · · · · · · 229	모형제작 · · · · · · · · · · · · · 220
레이더 · · · · · · · · · · · · · · · 148	매월납부통지서 · · · · · · · 103	목 · · · · · · · · · · · · · · · · · · · 14
레이싱걸 · · · · · · · · · · · · · 159	매월의 · · · · · · · · · · · · · · · · 82	목이 둥근 것 · · · · · · · · · 190
로비 · · · · · · · · · · · · · · · · · 112	매일의 · · · · · · · · · · · · · · · · 82	목이 V자형인 것 · · · · · · · 190
로션 · · · · · · · · · · · · · · · · · 196	매점 · · · · · · · · · · 230, 234	목걸이 · · · · · · · · · · · · · · · 193
로터리 · · · · · · · · · · · · · · · 141	매주의 · · · · · · · · · · · · · · · · 82	목격자 · · · · · · · · · · · · · · · 123
롤러코스터 · · · · · · · · · · · 234	매직펜 · · · · · · · · · · · · · · · 169	목마른 · · · · · · · · · · · · · · · · 38
루비 · · · · · · · · · · · · · · · · · 202	매표소 · · · · · · · · · · · · · · · 230	목발 · · · · · · · · · · · · · · · · · · 93
리모컨 · · · · · · · · · · · · · · · · 51	맥주 · · · · · · · · · · · · · · · · · 111	목소리 · · · · · · · · · · · · · · · · 30
리터 · · · · · · · · · · · · · · · · · · 73	맵다 · · · · · · · · · · · · · · · · · 109	목수 · · · · · · · · · · · · · · · · · 160
립스틱 · · · · · · · · · · · · · · · 197	맹장 · · · · · · · · · · · · · · · · · · 18	목요일 · · · · · · · · · · · · · · · · 79
링거 · · · · · · · · · · · · · · · · · · 94	머리 · · · · · · · · · · · · · · · · · · 12	목적지 · · · · · · · · · · · · · · · 153
	머리(곤충) · · · · · · · · · · · 247	몸무게 · · · · · · · · · · · · · · · · 36
ㅁ	머리를 말리다 · · · · · · · · · 198	몸짓 · · · · · · · · · · · · · · · · · 176
마늘 · · · · · · · · · · · · · · · · · 258	머리를 빗다 · · · · · · · 28, 197	못 · · · · · · · · · · · · · · · · · · · 60
마더보드 · · · · · · · · · · · · · 170	머리받침 · · · · · · · · · · · · · 138	무 · · · · · · · · · · · · · · · · · · 258
마루 · · · · · · · · · · · · · · · · · · 50	머리장식 · · · · · · · · · · · · · 198	무겁다 · · · · · · · · · · · · · · · 275
마른(乾) · · · · · · · · · · · · · 276	머리카락 · · · · · · · · · · · · · · 12	무게 · · · · · · · · · · · · · · · · · · 72
마른 · · · · · · · · · · · · · 36, 275	머리핀 · · · · · · · · · · · · · · · 198	무당벌레 · · · · · · · · · · · · · 247
마름모 · · · · · · · · · · · · · · · · 74	머핀 · · · · · · · · · · · · · · · · · 204	무덤 · · · · · · · · · · · · · · · · · · 22
마스카라 · · · · · · · · · · · · · 196	먼 · · · · · · · · · · · · · · · · · · 273	무례한 · · · · · · · · · · · · · · · · 34
마스크 · · · · · · · · · · · · · · · 214	멍한 표정 · · · · · · · · · · · · · · 37	무릎 · · · · · · · · · · · · · · · · · · 15
마우스 · · · · · · · · · · · · · · · 170	메뉴 · · · · · · · · · · · · · · · · · 108	무릎길이의 · · · · · · · · · · · 193
마을 · · · · · · · · · · · · · · · · · 282	메뚜기 · · · · · · · · · · · · · · · 246	무선전화기 · · · · · · · · · · · 168
마일 · · · · · · · · · · · · · · · · · · 73	멕시코 · · · · · · · · · · · · · · · 279	무스 · · · · · · · · · · · · · · · · · 198
막차 · · · · · · · · · · · · · · · · · 147	멜빵바지 · · · · · · · · · · · · · · 59	무지개 · · · · · · · · · · · · · · · 262
만(灣) · · · · · · · · · · · · · · · 270	멜빵작업복 · · · · · · · · · · · 189	무표정 · · · · · · · · · · · · · · · · 37
만(萬) · · · · · · · · · · · · · · · · 68	면도하다 · · · · · · · · · · · · · · 28	무화과 · · · · · · · · · · · · · · · 253
만두 · · · · · · · · · · · · · · · · · 105	면세점 · · · · · · · · · · · · · · · 153	문 · · · · · · · · · · · · · · · · · · · 48
만원열차 · · · · · · · · · · · · · 147	면접 받는 사람 · · · · · · · · 162	문구멍 · · · · · · · · · · · · · · · · 51
만화영화 · · · · · · · · · · · · · 228	면접관 · · · · · · · · · · · · · · · 162	문방구 · · · · · · · · · · · · · · · 184
말 · · · · · · · · · · · · · · · · · · 240	모기 · · · · · · · · · · · · · · · · · 247	문어 · · · · · · · · · · · · · · · · · 248
말다툼 · · · · · · · · · · · · · · · · 25	모니터 · · · · · · · · · · · · · · · 170	문잠금 장치 · · · · · · · · · · · 138
말레이시아 · · · · · · · · · · · 278	모닝콜 · · · · · · · · · · · · · · · 113	문패 · · · · · · · · · · · · · · · · · · 49
말투 · · · · · · · · · · · · · · · · · 177	모란 · · · · · · · · · · · · · · · · · 257	문학 · · · · · · · · · · · · · · · · · 121
맑은 · · · · · · · · · · · · · · · · · 263	모래 · · · · · · · · · · · · · · · · · 227	문화 · · · · · · · · · · · · · · · · · 282
맛 · · · · · · · · · · · · · · · · · · · 30	모레 · · · · · · · · · · · · · · · · · · 81	물 · · · · · · · · · · · · · · · · · · 265
맛있는 · · · · · · · · · 105, 109	모빌 · · · · · · · · · · · · · · · · · · 59	물갈퀴 · · · · · · · · · · · · · · · 250
망치 · · · · · · · · · · · · · · · · · · 60	모양 · · · · · · · · · · · · · · · · · · 74	물리학 · · · · · · · · · · · · · · · 121

물수건 · · · · · · · · · · · · · 108	바텐더 · · · · · · · · · · · · · 110	배터리 · · · · · · · · · · · · · 138
물안경 · · · · · · · · · · · · · 216	박물관 · · · · · · · · · · · · · 89	배트 · · · · · · · · · · · · · 214
물약 · · · · · · · · · · · · · 96	박스테입 · · · · · · · · · · · · · 169	백 · · · · · · · · · · · · · 67
물질 · · · · · · · · · · · · · 264	박쥐 · · · · · · · · · · · · · 244	백만 · · · · · · · · · · · · · 68
물집 · · · · · · · · · · · · · 99	박하사탕 · · · · · · · · · · · · · 205	백미러 · · · · · · · · · · · · · 136
물품 보관소 · · · · · · · · · · · · · 114	밖 · · · · · · · · · · · · · 272	백업 · · · · · · · · · · · · · 171
미국 · · · · · · · · · · · · · 279	반달 · · · · · · · · · · · · · 268	백조 · · · · · · · · · · · · · 243
미끄럼틀 · · · · · · 217, 235	반도 · · · · · · · · · · · · · 270	백합 · · · · · · · · · · · · · 256
미끄럼틀을 타다 · · · · · · · · 31	반바지 · · · · · · · · · · · · · 189	백화점 · · · · · · · · · · · · · 88
미끼 · · · · · · · · · · · · · 215	받은 편지함 · · · · · · · · · · · · · 173	뱀 · · · · · · · · · · · · · 241
미등 · · · · · · · · · · · · · 135	발 · · · · · · · · · · · · · 15	뱃머리 · · · · · · · · · · · · · 148
미래 · · · · · · · · · · · · · 81	발가락 · · · · · · · · · · · · · 17	뱃멀미 · · · · · · · · · · · · · 225
미망인 · · · · · · · · · · · · · 23	발굽 · · · · · · · · · · · · · 242	버드나무 · · · · · · · · · · · · · 255
미술 · · · · · · · · · · · · · 120	발렌타인데이 · · · · · · · · 78	버섯 · · · · · · · · · · · · · 259
미술관 · · · · · · · · · · · · · 89	발목 · · · · · · · · · · · · · 15	버스정류소 · · · · · · · · · · · · · 142
미식축구 · · · · · · · · · · · · · 213	발열 · · · · · · · · · · · · · 98	번개 · · · · · · · · · · · · · 262
미움 · · · · · · · · · · · · · 41	발톱 · · · · · · · · · · · · · 16	번데기 · · · · · · · · · · · · · 247
미터 · · · · · · · · · · · · · 73	발톱(짐승) · · · · · · 242, 245	번호판 · · · · · · · · · · · · · 136
미혼의 · · · · · · · · · · · · · 277	밝다 · · · · · · · · · · · · · 274	번화가 · · · · · · · · · · · · · 89
믹서기 · · · · · · · · · · 53, 201	밤(夜) · · · · · · · · · · 80, 277	벌 · · · · · · · · · · · · · 246
민들레 · · · · · · · · · · · · · 256	밤(栗) · · · · · · · · · 252, 255	범죄 · · · · · · · · · · · · · 123
민소매의 · · · · · · · · · · · · · 193	밥 · · · · · · · · · · · · · 107	벗겨지다 · · · · · · · · · · · · · 101
밀가루 · · · · · · · · · · · · · 187	방광 · · · · · · · · · · · · · 19	벗다 · · · · · · · · · · · · · 191
밀리 · · · · · · · · · · · · · 73	방귀 · · · · · · · · · · · · · 32	벙어리장갑 · · · · · · · · · · · · · 195
밀크셰이크 · · · · · · · · · · · · · 105	방문사절 · · · · · · · · · · · · · 114	베개 · · · · · · · · · · · · · 56
	방어 · · · · · · · · · · · · · 277	베이비 캐리어 · · · · · · · · · · 59
ㅂ	방파제 · · · · · · · · · · · · · 149	베이스연주자 · · · · · · · · · · 233
바나나 · · · · · · · · · · · · · 252	방향 · · · · · · · · · · · · · 143	베이지색 · · · · · · · · · · · · · 267
바늘 · · · · · · · · · · · · · 61	방화벽 · · · · · · · · · · · · · 174	베트남 · · · · · · · · · · · · · 278
바다 · · · · · · 149, 227, 270	배 · · · · · · · · · · · · · 131	벤 상처 · · · · · · · · · · · · · 100
바다가재 · · · · · · 107, 249	배(腹) · · · · · · · · · · · · · 14	벨트 · · · · · · · · · · · · · 195
바둑 · · · · · · · · · · · · · 221	배(곤충) · · · · · · · · · · · · · 247	벽 · · · · · · · · · · · · · 48
바람 · · · · · · · · · · · · · 263	배(船) · · · · · · · · · · · · · 148	벽시계 · · · · · · · · · · · · · 51
바람 부는 · · · · · · · · · · · · · 263	배(梨) · · · · · · · · · · · · · 251	변비 · · · · · · · · · · · · · 100
바비큐 · · · · · · · · · · · · · 107	배 후미 · · · · · · · · · · · · · 148	변호사 · · · · · · · · · · · · · 159
바위 · · · · · · · · · · · · · 261	배고픈 · · · · · · · · · · · · · 39	별 · · · · · · · · · · · · · 268
바이러스 · · · · · · · · · · · · · 99	배구 · · · · · · · · · · · · · 212	별관 · · · · · · · · · · · · · 114
바이올린 · · · · · · · · · · · · · 232	배기구 · · · · · · · · · · · · · 135	병가 · · · · · · · · · · · · · 165
바지 · · · · · · · · · · · · · 188	배꼽 · · · · · · · · · · · · · 14	병원 · · · · · · · · · · · 89, 92
바코드 · · · · · · · · · · · · · 183	배너 · · · · · · · · · · · · · 172	보낸 편지함 · · · · · · · · · · · · · 174
바퀴벌레 · · · · · · · · · · · · · 247	배부른 · · · · · · · · · · · · · 39	보너스 · · · · · · · · · · · · · 165
바퀴살 · · · · · · · · · · · · · 133	배수 마개 · · · · · · · · · · · · · 55	보다 · · · · · · · · · · · · · 30
바퀴축 · · · · · · · · · · · · · 133	배수구 · · · · · · · · · · · · · 55	보드카 · · · · · · · · · · · · · 111
바퀴테(금속) · · · · · · · · · · 133	배우자 · · · · · · · · · · · · · 26	보라색 · · · · · · · · · · · · · 266

보름달 · 268	붓다 · 101	빼다 · 69
보석 · 185, 203	붕대 · 97	뺄셈 · 73
보안 · 152	브라우저 · 172	뼈 · 19
보조개 · 13	브라질 · 280	뿌리 · 254
보증금 · 46	브래지어 · 192	뿔 · 242
보행기 · 58	브레이크 · 135	삐다 · 101
복도 · 114, 117	브레이크레버 · 132	
복사기 · 167	브레이크페달 · 137	**ㅅ**
복숭아 · 251	브로치 · 193	4 · 66
본관 · 112	브로콜리 · 259	사과(沙果) · 251
본네트 · 136	블라우스 · 192	사과(謝過) · 176
본사 · 163	블로그 · 174	사귀다 · 24
볼(뺨) · 12	비 · 263	사기 · 123
볼링 · 210	비극 · 231	사다리 · 60
볼터치 · 198	비뇨기과 · 94	사랑 · 40
볼펜 · 169	비누 · 54	사랑을 고백하다 · 24
봄 · 76	비늘 · 250	사마귀 · 247
봉투 · 90	비닐봉지 · 61	사막 · 260, 271
부끄러운 · 39	비둘기 · 243	사무비품 · 169
부동산 · 47	비디오게임을 하다 · 31	사무실 · 167
부두 · 148	비만 · 100	사무책상 · 167
부리 · 245	비밀번호 · 103	사슴 · 240
부모 · 21	비상구 · 150	40 · 67
부엉이 · 244	비서 · 162	4월 · 77
부유한 · 277	비스킷 · 204	사우디아라비아 · 278
부장 · 163	비어 있는 · 147	사위 · 21
부정적인 · 177	비올라 · 233	사이드브레이크 · 137
부주의한 · 34	비치볼 · 227	사이에 · 273
부처 · 125	비탈 · 261	사이클 · 210
부츠 · 194	비포장도로 · 141	사인펜 · 169
부피 · 72	비행기 · 130	사자 · 242
부하직원 · 162	비후까스 · 106	사장 · 163
북극 · 270	빈방 · 114	사전 · 116
북쪽 · 261	빌딩 · 89	사증 · 153
분(分) · 80	빗자루 · 61	사직 · 164
분(가루) · 198	빛 · 265	사진 · 51
분수 · 73	빠르다 · 82, 274	사진 확장명 · 174
분실물 센터 · 146	빨강 · 266	사진촬영 · 221
분홍 · 267	빨대 · 104	사촌 · 20
불 · 265	빨래집게 · 55	사탕 · 204
불가사리 · 250	빵 · 186	사투리 · 177
불경 · 125	빵껍질 · 205	사파이어 · 202
불교도 · 124	빵덩어리 · 205	사환 · 113
붓꽃 · 256	빵조각 · 205	사회 · 121

산 · · · · · · · · · · · 261	샤워기 머리 · · · · · · · · · · 55	세계 · · · · · · · · · · · 282
산맥 · · · · · · · · · · · 270	샤워하다 · · · · · · · · · · · 29	세관 · · · · · · · · · · · 153
산부인과 · · · · · · · · · · 92	샤프펜 · · · · · · · · · · · 169	세기 · · · · · · · · · · · · 81
산소통 · · · · · · · · · · · 215	샴페인 · · · · · · · · · · · 111	세다 · · · · · · · · · · · · 69
산악용자전거 · · · · · · · · 133	샴푸 · · · · · · · · · · · · 54	세로 · · · · · · · · · · · · 72
산호 · · · · · · · · · · · 202	샹들리에 · · · · · · · · · · · 51	세면대 · · · · · · · · · · · 55
살 · · · · · · · · · · · · 19	서랍 · · · · · · · · · · · · 56	세입자 · · · · · · · · · · · 46
살구 · · · · · · · · · · · 252	서류철 · · · · · · · · · · · 169	세제 · · · · · · · · · · · · 55
살인 · · · · · · · · · · · 123	서리 · · · · · · · · · · · 263	세차 · · · · · · · · · · · 139
살짝 익힌 · · · · · · · · · · 108	서명 · · · · · · · · · · · 103	세탁기 · · · · · · · · · · 55, 201
3 · · · · · · · · · · · · 66	서수 · · · · · · · · · · · · 70	세포 · · · · · · · · · · · · 19
삼각관계 · · · · · · · · · · 24	서양장기 · · · · · · · · · · 221	섹스하다 · · · · · · · · · · 26
삼각형 · · · · · · · · · · · 74	서예 · · · · · · · · · · · 221	섹시한 · · · · · · · · · · · 36
30 · · · · · · · · · · · · 67	서점 · · · · · · · · · · · · 89	센티 · · · · · · · · · · · · 73
3차선 · · · · · · · · · · · 140	서쪽 · · · · · · · · · · · 261	소개 · · · · · · · · · · · 177
삽 · · · · · · · · · · · · 60	석탄 · · · · · · · · · · · 264	소금 · · · · · · · · · · · 187
상무 · · · · · · · · · · · 163	선글라스 · · · · · · · · · · 226	소나기 · · · · · · · · · · · 263
상사 · · · · · · · · · · · 162	선로 · · · · · · · · · · · 146	소나무 · · · · · · · · · · · 255
상아색 · · · · · · · · · · · 267	선물 · · · · · · · · · · · 183	소녀 · · · · · · · · · · · · 22
상어 · · · · · · · · · · · 249	선박여행 · · · · · · · · · · 225	소년 · · · · · · · · · · · · 22
3월 · · · · · · · · · · · · 77	선실 · · · · · · · · · · · 148	소다수 · · · · · · · · · · · 110
상의 · · · · · · · · · · · 188	선인장 · · · · · · · · · · · 257	소독 · · · · · · · · · · · · 94
상처(얼굴) · · · · · · · · · 13	선진국 · · · · · · · · · · · 282	소리 · · · · · · · · · · · · 30
상처 · · · · · · · · · · 99, 100	선체 · · · · · · · · · · · 148	소매 · · · · · · · · · · · 190
상추 · · · · · · · · · · · 259	선탠로션 · · · · · · · · · · 226	소매치기 · · · · · · · · · · 123
상표 · · · · · · · · · · · 183	선풍기 · · · · · · · · · · 50, 200	소변 · · · · · · · · · · · · 32
새끼손가락 · · · · · · · · · · 15	설날 · · · · · · · · · · · · 78	소설가 · · · · · · · · · · · 161
새로운 · · · · · · · · · · · 274	설명하다 · · · · · · · · · · 177	소아과 · · · · · · · · · · · 92
새벽 · · · · · · · · · · · · 80	설사 · · · · · · · · · · · 100	소염제 · · · · · · · · · · · 97
새우 · · · · · · · · · · · 249	설치하다 · · · · · · · · · · 171	소인 · · · · · · · · · · · · 91
색 · · · · · · · · · · · 266	설탕 · · · · · · · · · · · 187	소파 · · · · · · · · · · · · 51
색연필 · · · · · · · · · · · 116	섬 · · · · · · · · · · · 270	소포 · · · · · · · · · · · · 91
샌드위치 · · · · · · · · · · 104	섬세한 · · · · · · · · · · · 35	소프트볼 · · · · · · · · · · 213
샐러드 · · · · · · · · · · · 107	성격 · · · · · · · · · · · · 34	소화불량 · · · · · · · · · · 100
생강 · · · · · · · · · · · 259	성경 · · · · · · · · · · · 125	속달 · · · · · · · · · · · · 91
생리 현상 · · · · · · · · · · 32	성당 · · · · · · · · · · · 124	속도 · · · · · · · · · · · · 72
생리대 · · · · · · · · · · · 97	성우 · · · · · · · · · · · 229	속도계 · · · · · · · · · · · 137
생맥주 · · · · · · · · · · · 110	성인 · · · · · · · · · · · · 22	속옷 · · · · · · · · · · · 189
생물 · · · · · · · · · · · 121	성인영화 · · · · · · · · · · 231	속튜브 · · · · · · · · · · · 133
생방송의 · · · · · · · · · · 229	성장하다 · · · · · · · · · · · 23	손 · · · · · · · · · · · · 14
생선 · · · · · · · · · · · 248	성적표 · · · · · · · · · · · 118	손가락 · · · · · · · · · · · 14
생일 · · · · · · · · · · · · 78	성탄절 · · · · · · · · · · · 78	손금 · · · · · · · · · · · · 16
생일케익 · · · · · · · · · · 204	성형외과 · · · · · · · · · · · 94	손목 · · · · · · · · · · · · 16
생중계 · · · · · · · · · · · 228	세 번째 · · · · · · · · · · · 70	손바닥 · · · · · · · · · · · 15

311

손수건 · · · · · · 195	스웨터 · · · · · · 188	시트 · · · · · · 134
손수레 · · · · · · 152	스위스 · · · · · · 280	시험 · · · · · · 117
손잡이 기둥 · · · · · · 144	스위트룸 · · · · · · 114	식기세척기 · · · · · · 201
손잡이를 잡다 · · · · · · 147	스칠로폼 · · · · · · 61	식당차 · · · · · · 146
손톱 · · · · · · 16	스카이다이빙 · · · · · · 211	식물 · · · · · · 254
솜사탕 · · · · · · 234	스카프 · · · · · · 195	식물원 · · · · · · 235
송어 · · · · · · 249	스캐너 · · · · · · 170, 183	식사 · · · · · · 108
쇠고기 · · · · · · 107	스케이트 · · · · · · 215	식용유 · · · · · · 187
쇼핑 · · · · · · 181	스케이트보드 타기 · · · · · · 211	식중독 · · · · · · 100
쇼핑센터 · · · · · · 182	스쿠버다이빙 · · · · · · 211	식초 · · · · · · 187
쇼핑카트 · · · · · · 182	스쿠터 · · · · · · 131	식품 매장 · · · · · · 185, 186
수갑 · · · · · · 123	스키 · · · · · · 210	신경 · · · · · · 19
수건 · · · · · · 54	스키복 · · · · · · 189	신랑 · · · · · · 23
수다스러운 · · · · · · 34	스킨 · · · · · · 196	신발장 · · · · · · 194
수도 · · · · · · 282	스타킹 · · · · · · 193	신부 · · · · · · 23
수면제 · · · · · · 97	스테이크 · · · · · · 106	신용카드 · · · · · · 102, 183
수박 · · · · · · 251	스텝 · · · · · · 135	신용할 수 있는 · · · · · · 35
수술 · · · · · · 94	스톱워치 · · · · · · 215	신입사원 · · · · · · 163
수업료 · · · · · · 118	스트레칭 · · · · · · 216	신장 · · · · · · 18
수영 · · · · · · 216	스펀지 · · · · · · 196	신정 · · · · · · 79
수영모 · · · · · · 217	스페이드 · · · · · · 222	신혼부부 · · · · · · 26
수영복 · · · · · · 192, 216	스페인 · · · · · · 280	신혼여행 · · · · · · 25
수영장 · · · · · · 216	스포츠 기구 · · · · · · 214	실 · · · · · · 61
수요일 · · · · · · 79	슬립 · · · · · · 193	실내복 · · · · · · 193
수정 · · · · · · 202	슬픈 · · · · · · 38, 276	실내운동기구 · · · · · · 218
수정액 · · · · · · 169	슬픔 · · · · · · 40	실내체육관 · · · · · · 218
수줍어하는 · · · · · · 34	습도 높은 · · · · · · 263	실망스러운 · · · · · · 39
수탉 · · · · · · 244	승마 · · · · · · 211	실천하다 · · · · · · 125
수평꼬리날개 · · · · · · 150	승진 · · · · · · 164	심리학 · · · · · · 121
수평선 · · · · · · 261	승차권판매기 · · · · · · 145	심장 · · · · · · 18
수표 · · · · · · 102, 182	시 · · · · · · 80	10 · · · · · · 66
수프 · · · · · · 106	시간 · · · · · · 80	19 · · · · · · 67
수하물 · · · · · · 152	시간표 · · · · · · 145	10년 · · · · · · 81
수하물 선반 · · · · · · 144	시금치 · · · · · · 258	14 · · · · · · 67
수학 · · · · · · 121	시내 · · · · · · 88	13 · · · · · · 67
수화물 취급소 · · · · · · 153	시다 · · · · · · 109	15 · · · · · · 67
숙제 · · · · · · 117	시동생 · · · · · · 21	16 · · · · · · 67
순간 · · · · · · 82	시민 · · · · · · 282	12 · · · · · · 67
숟가락 · · · · · · 53	시소 놀이를 하다 · · · · · · 31	12월 · · · · · · 77
술집 · · · · · · 110	시아버지 · · · · · · 21	11 · · · · · · 67
숲 · · · · · · 260	시어머니 · · · · · · 21	11월 · · · · · · 77
스노보드 타기 · · · · · · 211	시월(10월) · · · · · · 77	17 · · · · · · 67
스릴러물 · · · · · · 231	시작 · · · · · · 277	18 · · · · · · 67
스무 번째 · · · · · · 71	시차증 · · · · · · 153	십자드라이버 · · · · · · 61

싱크대 · · · · · · · · · · · · · · · 52	안내소 · · · · · · · · · 145, 235	어깨 보호대 · · · · · · · · · · · 215
싹 · · · · · · · · · · · · · · · · · · · 254	안락의자 · · · · · · · · · · · · · · 50	어깨결림 · · · · · · · · · · · · · · 100
쌀 · · · · · · · · · · · · · · · · · · · 186	안장 · · · · · · · · · · · · · · · · · 132	어깨패드 · · · · · · · · · · · · · · 193
썩다 · · · · · · · · · · · · · · · · · 109	안전벨트 · · · · · · · · · · · · · 138	어둡다 · · · · · · · · · · · · · · · · 274
쓰다 · · · · · · · · · · · · · · · · · 109	안전요원 · · · · · · · · · · · · · 217	어리석은 · · · · · · · · · · · · · · · 35
쓰레기 · · · · · · · · · · · · · · · · · 61	안주 · · · · · · · · · · · · · · · · · 110	어린 시절 · · · · · · · · · · · · · · 22
쓰레기통 · · · · · · · · · · · · · · · 50	알 · · · · · · · · · · · · · · · · · · · 247	어린이 메뉴 · · · · · · · · · · · 107
쓰레받기 · · · · · · · · · · · · · · · 61	알게 되다 · · · · · · · · · · · · · · 26	어린이 침대 · · · · · · · · · · · · 59
CD플레이어 · · · · · · · · · · · 200	알람시계 · · · · · · · · · · · · · · · 57	어린이날 · · · · · · · · · · · · · · · 79
CPU · · · · · · · · · · · · · · · · · 170	알레르기 · · · · · · · · · · · · · · · 99	어머니 · · · · · · · · · · · · · · · · · 20
씨앗 · · · · · · · · · · · · · · · · · · 254	알약 · · · · · · · · · · · · · · · · · · 96	어버이날 · · · · · · · · · · · · · · · 79
씹다 · · · · · · · · · · · · · · · · · 108	알코올 도수 · · · · · · · · · · · 111	어선 · · · · · · · · · · · · · · · · · 149
	암 · · · · · · · · · · · · · · · · · · · 100	어제 · · · · · · · · · · · · · · · · · · · 81
ㅇ	암탉 · · · · · · · · · · · · · · · · · 244	언덕 · · · · · · · · · · · · · · · · · 260
아가미 · · · · · · · · · · · · · · · · 250	압정 · · · · · · · · · · · · · · · · · 168	언쟁 · · · · · · · · · · · · · · · · · 176
아기 · · · · · · · · · · · · · · · · · · · 22	앙상블 · · · · · · · · · · · · · · · · 233	얼굴을 씻다 · · · · · · · · · · · · 28
아기방 · · · · · · · · · · · · · · · · · 58	앞마당 · · · · · · · · · · · · · · · · · 49	얼룩말 · · · · · · · · · · · · · · · · 240
아들 · · · · · · · · · · · · · · · · · · · 20	앞을 못 보는 · · · · · · · · · · 101	얼음 · · · · · · · · · · · · · · · · · 263
아래 · · · · · · · · · · · · · · · · · 273	애벌레 · · · · · · · · · · · · · · · · 247	엄지 · · · · · · · · · · · · · · · · · · · 15
아래로 · · · · · · · · · · · · · · · · 273	애인 · · · · · · · · · · · · · · · · · · · 25	엄지발가락 · · · · · · · · · · · · · 16
아령 · · · · · · · · · · · · · · · · · 215	액션영화 · · · · · · · · · · · · · · 231	업보 · · · · · · · · · · · · · · · · · 125
아르헨티나 · · · · · · · · · · · · 280	액수 · · · · · · · · · · · · · · · · · 102	엉덩이 · · · · · · · · · · · · · · · · · 17
아름답다 · · · · · · · · · · · · · · 277	액자 · · · · · · · · · · · · · · · · · 168	에너지드링크 · · · · · · · · · · 187
아메리카 · · · · · · · · · · · · · · 279	액체 · · · · · · · · · · · · · · · · · 264	에메랄드 · · · · · · · · · · · · · · 202
아몬드 · · · · · · · · · · · · · · · · 253	앵무새 · · · · · · · · · · · · · · · · 244	에어로빅 · · · · · · · · · · · · · · 219
아버지 · · · · · · · · · · · · · · · · · 20	야간관광 · · · · · · · · · · · · · · 224	에어백 · · · · · · · · · · · · · · · · 138
아시아 · · · · · · · · · · · · · · · · 278	야구 · · · · · · · · · · · · · · · · · 212	에어컨 · · · · · · · · · · · · · · · · 200
아이섀도 · · · · · · · · · · · · · · 199	야자수 · · · · · · · · · · · · · · · · 255	에이스 · · · · · · · · · · · · · · · · 222
아이쇼핑 · · · · · · · · · · · · · · 183	야채 · · · · · · · · · · · · · · · · · 186	에피타이저 · · · · · · · · · · · · 107
아이스크림 · · · · · · · · · · · · 186	야채 · · · · · · · · · · · · · · · · · 258	엔진 · · · · · · · · · · · 135, 138
아이콘 · · · · · · · · · · · · · · · · 171	야회복 · · · · · · · · · · · · · · · · 192	엘리베이터 · · · · · · · · · · · · 114
아저씨 · · · · · · · · · · · · · · · · · 20	약국 · · · · · · · · · · · · · · 89, 96	여객기 · · · · · · · · · · · · · · · · 151
아침 · · · · · · · · · · · · · · · · · · · 80	약사 · · · · · · · · · · · · · · · · · · 97	여객선 · · · · · · · · · · · · · · · · 148
아파트 · · · · · · · · · 46, 47, 88	약지 · · · · · · · · · · · · · · · · · · · 15	여권 · · · · · · · · · · · · · · · · · 151
아파트 단지 · · · · · · · · · · · · 47	약한 · · · · · · · · · · · · · · · · · 277	여급 · · · · · · · · · · · · · · · · · 113
아프리카 · · · · · · · · · · · · · · 281	약혼 · · · · · · · · · · · · · · · · · · · 23	여덟 번째 · · · · · · · · · · · · · · 70
아홉 번째 · · · · · · · · · · · · · · 70	약혼하다 · · · · · · · · · · · · · · · 26	여드름 · · · · · · · · · · · · · · · · · 13
악보 · · · · · · · · · · · · · · · · · 232	양고기 · · · · · · · · · · · · · · · · 107	여름 · · · · · · · · · · · · · · · · · · · 76
악어 · · · · · · · · · · · · · · · · · 241	양다리 걸치다 · · · · · · · · · · 26	여섯 번째 · · · · · · · · · · · · · · 70
안 · · · · · · · · · · · · · · · · · · · 272	양동이 · · · · · · · · · · · · · · · · · 61	여성 잠옷 · · · · · · · · · · · · · 193
안감 · · · · · · · · · · · · · · · · · 191	양말 · · · · · · · · · · · · · · · · · 194	여성복 · · · · · · · · · · · · · · · · 192
안개 · · · · · · · · · · · · · · · · · 262	양파 · · · · · · · · · · · · · · · · · 258	여성복 · · · · · · · · · · · · · · · · 184
안개꽃 · · · · · · · · · · · · · · · · 256	양호실 · · · · · · · · · · · · · · · · 117	여성팬티 · · · · · · · · · · · · · · 192
안과의사 · · · · · · · · · · · · · · · 94	어깨 · · · · · · · · · · · · · · · · · · · 14	여승무원 · · · · · · · · · · · · · · 158

313

여우 · · · · · · · · · · · · · · · · 240	영양 · · · · · · · · · · · · · · · · 108	옷장 · · · · · · · · · · · · · · · · · 57
여자배우 · · · · · · · · · · · · · 230	영양크림 · · · · · · · · · · · · · 196	와이셔츠 · · · · · · · · · · · · · 188
여자용 샌들 · · · · · · · · · · · 194	영어 · · · · · · · · · · · · · · · · 120	와인 · · · · · · · · · · · · · · · · 110
여종업원 · · · · · · · · · · · · · 108	영원히 · · · · · · · · · · · · · · · 82	완구류 · · · · · · · · · · · · · · 184
여행 · · · · · · · · · · · · · · · · 224	영화 · · · · · · · · · · · · · · · · 230	완충장치 · · · · · · · · · · · · · 135
역기 · · · · · · · · · · · · · · · · 218	영화 스크린 · · · · · · · · · · · 230	왕국 · · · · · · · · · · · · · · · · 282
역사유적지 · · · · · · · · · · · 225	영화감독 · · · · · · · · · · · · · 160	왕복티켓 · · · · · · · · · · · · · 146
역할 · · · · · · · · · · · · · · · · 231	영화관 · · · · · · · · · · 88, 231	외과 · · · · · · · · · · · · · · · · · 92
연결편 · · · · · · · · · · · · · · · 153	옆 · · · · · · · · · · · · · · · · · · 273	외로운 · · · · · · · · · · · · · · · · 39
연고 · · · · · · · · · · · · · · · · · 96	예리하다 · · · · · · · · · · · · · 276	외모 · · · · · · · · · · · · · · · · · 36
연근 · · · · · · · · · · · · · · · · 259	예배 · · · · · · · · · · · · · · · · 125	외식하다 · · · · · · · · · · · · · 108
연금 · · · · · · · · · · · · · · · · 164	예비타이어 · · · · · · · · · · · 139	왼쪽 · · · · · · · · · · · · · · · · 272
연기 · · · · · · · · · · · · · · · · 265	예쁜 · · · · · · · · · · · · · · · · · 36	요람 · · · · · · · · · · · · · · · · · 59
연꽃 · · · · · · · · · · · · · · · · 257	예술품 · · · · · · · · · · · · · · 224	요리 · · · · · · · · · · · · · · · · 221
연락선 · · · · · · · · · · · · · · · 131	예약(하다) · · · · · · 114, 225	요리사 · · · · · · · · · · · · · · · 158
연료계 · · · · · · · · · · · · · · · 137	예의바른 · · · · · · · · · · · · · · 35	요일 · · · · · · · · · · · · · · · · · 79
연료탱크 · · · · · · · · · · · · · 134	옛날 남친 · · · · · · · · · · · · · · 26	요트 · · · · · · · · · · · · · · · · 131
연립주택 · · · · · · · · · · · · · · 47	5 · · · · · · · · · · · · · · · · · · · 66	욕실 · · · · · · · · · · · · · · · · · 54
연봉제 · · · · · · · · · · · · · · · 165	오각형 · · · · · · · · · · · · · · · · 75	욕조 · · · · · · · · · · · · · · · · · 55
연속극 · · · · · · · · · · · · · · · 229	오늘 · · · · · · · · · · · · · · · · · 81	용감한 · · · · · · · · · · · · · · · · 35
연어 · · · · · · · · · · · · · · · · 248	오디오시스템 · · · · · · · · · · 200	용기 · · · · · · · · · · · · · · · · · 40
연예인 · · · · · · · · 158, 229	오렌지 · · · · · · · · · · · · · · · 252	우박 · · · · · · · · · · · · · · · · 263
연주자 · · · · · · · · · · · · · · · 233	오른쪽 272	우비 · · · · · · · · · · · · · · · · 189
연주회 · · · · · · · · · · · · · · · 232	오리 · · · · · · · · · · · · · · · · 245	우유 · · · · · · · · · · · · · · · · 186
연필 · · · · · · · · · · · · · · · · 116	오리발 · · · · · · · · · · · · · · · 215	우주 · · · · · · · · · · · · · · · · 268
열 · · · · · · · · · · · · · · · · · · 265	오므라이스 · · · · · · · · · · · 107	우주비행사 · · · · · · · · · · · 269
열 번째 · · · · · · · · · · · · · · · 70	오븐 · · · · · · · · · · · · · · · · · 53	우주왕복선 · · · · · · · · · · · 269
열네 번째 · · · · · · · · · · · · · · 70	5성의 · · · · · · · · · · · · · · · 114	우체국 · · · · · · · · · · · · 89, 90
열다섯 번째 · · · · · · · · · · · · 70	오스트리아 · · · · · · · · · · · 281	우체국 직원 · · · · · · · · · · · · 90
열두 번째 · · · · · · · · · · · · · · 70	50 · · · · · · · · · · · · · · · · · · 67	우체통 · · · · · · · · · · · · · · · · 90
열린 · · · · · · · · · · · · · · · · 276	5월 · · · · · · · · · · · · · · · · · · 77	우편번호 · · · · · · · · · · · · · · 90
열매 · · · · · · · · · · · · · · · · 254	오이 · · · · · · · · · · · · · · · · 258	우편함 · · · · · · · · · · · · · · · · 49
열세 번째 · · · · · · · · · · · · · · 70	오징어 · · · · · · · · · · · · · · · 248	우표 · · · · · · · · · · · · · · · · · 90
열아홉 번째 · · · · · · · · · · · · 71	오토바이 · · · · · · · 131, 134	우표수집 · · · · · · · · · · · · · 221
열여덟 번째 · · · · · · · · · · · · 71	오한 · · · · · · · · · · · · · · · · · 99	우회도로 · · · · · · · · · · · · · 143
열여섯 번째 · · · · · · · · · · · · 71	오후 · · · · · · · · · · · · · · · · · 80	운동선수 · · · · · · · · · · · · · 158
열일곱 번째 · · · · · · · · · · · · 71	옥 · · · · · · · · · · · · · · · · · · 202	운동장 · · · · · · · · · · · · · · · 117
열차 · · · · · · · · · · · · 130, 144	온더락스 · · · · · · · · · · · · · 110	운동화 · · · · · · · · · · · · · · · 194
열차를 갈아타다 · · · · · · · · 147	온라인 · · · · · · · · · · · · · · · 174	운전대 · · · · · · · · · · · · · · · 137
열차를 타다 · · · · · · · · · · · 147	온수꼭지 · · · · · · · · · · · · · · 55	울타리 · · · · · · · · · · · · · · · · 49
열차에서 내리다 · · · · · · · · 147	올케 · · · · · · · · · · · · · · · · · 21	원기둥 · · · · · · · · · · · · · · · · 75
열한 번째 · · · · · · · · · · · · · · 70	옷걸이 · · · · · · · · · · · · · · · 191	원룸 · · · · · · · · · · · · · · · · · 47
0 · · · · · · · · · · · · · · · · · · · 66	옷깃 · · · · · · · · · · · · · · · · 190	원숭이 · · · · · · · · · · · · · · · 241
영국 · · · · · · · · · · · · · · · · 280	옷을 입다 · · · · · · · · · · · · · 28	원예사 · · · · · · · · · · · · · · · 160

원추형 · · · · · · · · · · · · 75	은행수수료 · · · · · · · · · · · 103	2층침대 · · · · · · · · · · · · 57
원피스 · · · · · · · · · · · · 192	은행원 · · · · · · · · · · · · · 161	이탈리아 · · · · · · · · · · · · 281
월 · · · · · · · · · · · · · · · · · · 77	은행직원 · · · · · · · · · · · · 102	이혼 · · · · · · · · · · · · · · · · 23
월급날 · · · · · · · · · · · · · 165	음료수 · · · · · · · · · · · · · 187	인구 · · · · · · · · · · · · · · · 282
월급이 오르다 · · · · · · · · 166	음식 · · · · · · · · · · · · · · · 107	인내심이 많은 · · · · · · · · 34
월급쟁이 · · · · · · · · · · · 161	음식을 제공하다 · · · · · · 108	인도(人道) · · · · · · · · · · · 141
월요일 · · · · · · · · · · · · · · 79	음악 · · · · · · · · · · · · · · · 120	인도(印度) · · · · · · · · · · · 278
웨이터 · · · · · · · · · · · · · 108	음악가 · · · · · · · · · · · · · 160	인도네시아 · · · · · · · · · · 278
위도 · · · · · · · · · · · · · · · 271	음악을 듣다 · · · · · · · · · · 29	인사 · · · · · · · · · · · · · · · 176
위로 · · · · · · · · · · · · · · · 273	응급 구조요원 · · · · · · · · 94	인생 · · · · · · · · · · · · · · · · 23
위반딱지 · · · · · · · · · · · 139	의견 · · · · · · · · · · · · · · · 177	인체 · · · · · · · · · · · · · · · · 12
위성(인공) · · · · · · · · · · 269	의류점 · · · · · · · · · · · · · 188	인터넷 · · · · · · · · · · · · · 172
위스키 · · · · · · · · · · · · · 111	의무실 · · · · · · · · · · · · · 114	인터넷 검색을 하다 · · · · · 172
위에 · · · · · · · · · · · · · · · 273	의사 · · · · · · · · · · · 92, 158	인터넷 주소 · · · · · · · · · · 172
위치 · · · · · · · · · · · · · · · 272	의사소통 · · · · · · · · · · · 176	인터넷 중독 · · · · · · · · · · 173
위험 · · · · · · · · · · · · · · · 143	~의 앞에 · · · · · · · · · · · 272	인형 · · · · · · · · · · · · · · · · 59
윈드서핑 · · · · · · · · · · · 210	의자 · · · · · · · · · · · 56, 116	1 · · · · · · · · · · · · · · · · · · 66
윗몸일으키기 · · · · · · · · 219	이(齒) · · · · · · · · · · · · · · · 13	일곱 번째 · · · · · · · · · · · · 70
유람선 · · · · · · · · · · · · · 149	2 · · · · · · · · · · · · · · · · · · 66	일광욕 · · · · · · · · · · · · · 226
유럽 · · · · · · · · · · · · · · · 280	이기다 · · · · · · · · · · · · · 223	일광욕 침대 · · · · · · · · · · 226
유모차 · · · · · · · · · · · · · · 59	이기적인 · · · · · · · · · · · · 35	일몰 · · · · · · · · · · · · · · · 227
유성 · · · · · · · · · · · · · · · 268	이란 · · · · · · · · · · · · · · · 278	일반석 · · · · · · · · · · · · · 150
유아 돌보기 · · · · · · · · · 114	이륙하다 · · · · · · · · · · · 153	일반자전거 · · · · · · · · · · 133
유아 의자 · · · · · · · · · · · · 59	이른 · · · · · · · · · · · · · · · · 82	일방통행로 · · · · · · · · · · 141
유아용 변기 · · · · · · · · · · 58	이를 닦다 · · · · · · · · · · · · 28	일본 · · · · · · · · · · · · · · · 278
유언 · · · · · · · · · · · · · · · · 22	이마 · · · · · · · · · · · · · · · · 12	일상 활동 · · · · · · · · · · · · 28
유월(6월) · · · · · · · · · · · · 77	이메일 · · · · · · · · · · · · · 173	일식(월식) · · · · · · · · · · · 269
유치원 · · · · · · · · · · · · · 117	이모(고모) · · · · · · · · · · · 20	일어나다 · · · · · · · · · · · · 28
유혹 · · · · · · · · · · · · · · · · 40	이번 주 · · · · · · · · · · · · · 82	일억 · · · · · · · · · · · · · · · · 68
6 · · · · · · · · · · · · · · · · · · 66	이비인후과 · · · · · · · · · · · 92	일요일 · · · · · · · · · · · · · · 79
육각형 · · · · · · · · · · · · · · 75	이상 · · · · · · · · · · · · · · · · 41	1월 · · · · · · · · · · · · · · · · · 77
육교 · · · · · · · · · · · · · · · · 89	이상형의 남자 · · · · · · · · · 24	1인실 · · · · · · · · · · · · · · 113
60 · · · · · · · · · · · · · · · · · 67	이성 · · · · · · · · · · · · · · · · 26	1인용침대 · · · · · · · · · · · · 57
육아 · · · · · · · · · · · · · · · · 26	이슬람교 · · · · · · · · · · · 125	1차선 · · · · · · · · · · · · · · 140
육지 · · · · · · · · · · · · · · · 270	이슬람교도 · · · · · · · · · · 125	일출 · · · · · · · · · · · · · · · 227
윤활유 · · · · · · · · · · · · · 139	20 · · · · · · · · · · · · · · · · · 67	1회 복용량 · · · · · · · · · · · 97
은 · · · · · · · · · · · · · · · · · 202	21 · · · · · · · · · · · · · · · · · 67	일회용밴드 · · · · · · · · · · · 96
은색 · · · · · · · · · · · · · · · 267	이웃 · · · · · · · · · · · · · · · · 21	임금 · · · · · · · · · · · · · · · 165
은퇴 · · · · · · · · · · · · · · · 165	2월 · · · · · · · · · · · · · · · · · 77	임대 · · · · · · · · · · · · · · · · 46
은하계 · · · · · · · · · · · · · 269	2인실 · · · · · · · · · · · · · · 113	임신하다 · · · · · · · · · · · · 25
은하수 · · · · · · · · · · · · · 269	2인용침대 · · · · · · · · · · · · 57	입 · · · · · · · · · · · · · · · · · · 13
은행 · · · · · · · · · · · · · · · 102	이집트 · · · · · · · · · · · · · 281	입구 · · · · · · · · · · · 145, 235
은행 상담직원 · · · · · · · · 103	2차선 · · · · · · · · · · · · · · 140	입술 · · · · · · · · · · · · · · · · 13
은행나무 · · · · · · · · · · · 255	2층버스 · · · · · · · · · · · · 130	입술을 칠하다 · · · · · · · · 198

입어보다	191
입장권	146
잉꼬	245
잉어	248
잎	254

ㅈ

자	116
자동개찰구	146
자동납부	103
자동차	131
자두	253
자리를 양보하다	147
자매	20
자수	220
자유	41
자유직	165
자유직 종사자	165
자전거	131
자전거전용도로	133
자존심	41
자주 묻는 질문	174
자판	103
작다	274
작다(키가)	274
작문	121
작은 냄비	53
잔돈	182
잔디	49
잔업하다	166
잘 익힌(고기)	108
잘 차려입은	190
잠수복	215
잠시 휴식하다	166
잠자다	57
잠자리	246
잠자리에 들다	29
잡다	30
잡동사니	60
잡초	257
잡화	185
잣	253
장	18
장갑	195

장난감	58
장난감 상자	59
장례식	22
장롱	59
장모	21
장미	256
장식	205
장어	250
장인	21
장학금	118
재난영화	231
재떨이	111
재미있는	39
재방송	229
재채기	32, 98
책	139, 222
쟁반	105
저녁	80
저울	91
저축	103
저택	47
적도	271
전갈	247
전기	264
전기밥솥	52
전기콘센트	61
전기톱	60
전단지	103
전망대	224
전무	163
전원을 켜다	171
전자레인지	52, 201
전자상가	89
전자제품	185
전화기	168, 200
전화통화를 하다	31
절	124
절망	40
절벽	260
점	13
점심 먹다	29
점원	182
점퍼	189
점프대	216

접수창구	94
접시	53
접착제	61
젓가락	53
정가표	183
정규직	165
정기권	146
정렬시키다	171
정사각형	74
정신과의사	93
정어리	248
정오	80
정원	49
정육면체	75
정장	189
정직	41
정직한	35
젖병	59
젖은	276
제비	243
제비꽃	256
제빵사	158
제어장치	135
제한속도	143
조각퍼즐	221
조개	226
조깅	210
조끼	189
조류	243
조미료	187
조상	21
조종실	150
조카	20
조커	222
졸다	147
졸린	38
졸업장	118
좁다	275
종교	124
종달새	243
종아리	17
종이접기	220
종착역	146
좋은	275

좌변기 · · · · · · · · · · · · · 54	지각하다 · · · · · · · · · · · · 166	진통제 · · · · · · · · · · · · · · · 97
좌석 · · · · · · · · · 144, 230	지구 · · · · · · · · · · 268, 270	질병 · · · · · · · · · · · · · · · · · 98
좌약 · · · · · · · · · · · · · · · · 97	지구본 · · · · · · · · · · · · · · 116	짐 · · · · · · · · · · · · · · · · · 225
주거지 · · · · · · · · · · · · · · 47	지금 · · · · · · · · · · · · · · · · 82	짐받이 · · · · · · · · · · · · · 135
주름 · · · · · · · · · · · · · · · · 13	기지개를 켜다 · · · · · · · · 57	집 · · · · · · · · · · · · · · · · · · 46
주말 · · · · · · · · · · · · · · · · 81	지난 · · · · · · · · · · · · · · · · 82	집게손가락 · · · · · · · · · · · 15
주머니 · · · · · · · · · · · · · 190	지난 주 · · · · · · · · · · · · · · 82	집배원 · · · · · · · · · · · · · · · 90
주먹 · · · · · · · · · · · · · · · · 16	지느러미 · · · · · · · · · · · · 250	집세 · · · · · · · · · · · · · · · · 46
주문 · · · · · · · · · · · · · · · 108	지다 · · · · · · · · · · · · · · · 223	집주인 · · · · · · · · · · · · · · · 46
주방 · · · · · · · · · · · · · · · · 52	지도 · · · · · · · · · · · · · · · 117	짙은 청색 · · · · · · · · · · · · 267
주방용품 · · · · · · · · · · · · 185	지렁이 · · · · · · · · · · · · · · 247	짜다 · · · · · · · · · · · · · · · 109
주부 · · · · · · · · · · · · · · · 161	지루한 · · · · · · · · · · · · · · 35	짝사랑 · · · · · · · · · · · · · · · 24
주사 · · · · · · · · · · · · · · · · 93	지리 · · · · · · · · · · · · · · · 121	짝수 · · · · · · · · · · · · · · · · 69
주소 · · · · · · · · · · · · · · · · 47	지붕 · · · · · · · · · · · · · · · · 48	
주스 · · · · · · · · · · · · · · · 186	지사 · · · · · · · · · · · · · · · 163	ㅊ
주요리 · · · · · · · · · · · · · 107	지옥 · · · · · · · · · · · · · · · 125	차고 · · · · · · · · · · · · · · · · 49
주유소 · · · · · · · · · · · · · 139	지우개 · · · · · · · · · · · · · · 116	차례 · · · · · · · · · · · · · · · 223
주의 깊은 · · · · · · · · · · · · 34	지친 · · · · · · · · · · · · · · · · 38	차멀미 · · · · · · · · · · · · · · 147
주장하다 · · · · · · · · · · · · 177	지퍼 · · · · · · · · · · · · · · · 191	차버리다 · · · · · · · · · · · · · 26
주전자 · · · · · · · · · · · · · · · 52	지퍼를 열다 · · · · · · · · · · 191	착륙하다 · · · · · · · · · · · · 153
주차위반 · · · · · · · · · · · · 139	지폐 · · · · · · · · · 102, 183	찬성과 반대 · · · · · · · · · · 177
주차장 · · · · · · · · · · · · · · 142	지하도 · · · · · · · · · · · · · · 140	찬송가 · · · · · · · · · · · · · · 125
주행기록계 · · · · · · · · · · · 137	지하상가 · · · · · · · · · · · · · 89	찬장 · · · · · · · · · · · · · · · · 52
주황색 · · · · · · · · · · · · · · 267	지하실 · · · · · · · · · · · · · · · 49	참새 · · · · · · · · · · · · · · · 243
죽다 · · · · · · · · · · · · · · · · 23	지하철 · · · · · · · · · · · · · · 130	참치 · · · · · · · · · · · · · · · 249
죽음 · · · · · · · · · · · · · · · · 23	지하철 입구 · · · · · · · · · · 146	창고 · · · · · · · · · · · · · · · · 49
준비운동하다 · · · · · · · · · 219	지혜 · · · · · · · · · · · · · · · · 40	창구 · · · · · · · · · · 91, 103
줄 · · · · · · · · · · · · · · · · · 61	지혜로운 · · · · · · · · · · · · · 35	창닦이 · · · · · · · · · · · · · · 136
줄기 · · · · · · · · · · · · · · · 254	지휘봉 · · · · · · · · · · · · · · 232	창문 · · · · · · · · · · · · · · · · 48
줄넘기 · · · · · · · · · · · · · · 219	지휘자 · · · · · · · · · · · · · · 232	채널 · · · · · · · · · · · · · · · 228
줄넘기하다 · · · · · · · · · · · 31	직불카드 · · · · · · · · · · · · 103	채용 · · · · · · · · · · · · · · · 165
줄자 · · · · · · · · · · · · · · · · 61	직사각형 · · · · · · · · · · · · · 74	책상 · · · · · · · · · · 56, 116
중간 정도로 익힌 · · · · · 108	직업 · · · · · · · · · · · · · · · 158	책장 · · · · · · · · · · · · · · · · 51
중국 · · · · · · · · · · · · · · · 278	직위 · · · · · · · · · · · · · · · 162	처남 · · · · · · · · · · · · · · · · 21
중생 · · · · · · · · · · · · · · · 125	진 · · · · · · · · · · · · · · · · 111	처방전 · · · · · · · · · · · · · · · 94
중앙분리대 · · · · · · · · · · · 141	진공청소기 · · · · · · · · · · · 50	처음 나오는 요리 · · · · · 107
중역 · · · · · · · · · · · · · · · 163	진눈깨비 · · · · · · · · · · · · 263	척추 · · · · · · · · · · · · · · · · 19
중지 · · · · · · · · · · · · · · · · 15	진달래 · · · · · · · · · · · · · · 257	천(千) · · · · · · · · · · · · · · · 68
중학교 · · · · · · · · · · · · · · 117	진실 · · · · · · · · · · · · · · · · 41	천국 · · · · · · · · · · · · · · · 125
쥐 · · · · · · · · · · · · · · · · 242	진입금지 · · · · · · · · · · · · 143	천동 · · · · · · · · · · · · · · · 263
쥐(경련) · · · · · · · · · · · · 217	진정제 · · · · · · · · · · · · · · · 97	천문학 · · · · · · · · · · · · · · 269
즐거움 · · · · · · · · · · · · · · · 40	진주 · · · · · · · · · · · · · · · 202	천장 · · · · · · · · · · · · · · · · 51
증거 · · · · · · · · · · · · · · · 122	진짜의 · · · · · · · · · · · · · · 203	천주교 · · · · · · · · · · · · · · 124
증기 · · · · · · · · · · · · · · · 265	진토닉 · · · · · · · · · · · · · · 111	천체관측 · · · · · · · · · · · · 220

철 · · · · · · · · · · · · · · · · · 265	출납원 · · · · · · · · · · · · · 114	카오디오 · · · · · · · · · · · · 138
철도 · · · · · · · · · · · · · · · 146	출납직원 · · · · · · · · · · · · 103	카펫 · · · · · · · · · · · · · · · · 50
철도역 · · · · · · · · · · · · · · 144	출입국심사대 · · · · · · · · · 152	칵테일 · · · · · · · · · · · · · · 110
철사 · · · · · · · · · · · · · · · · · 61	출장 · · · · · · · · · · · · · · · 164	칼 · · · · · · · · · · · · · · · · · · 53
철새 · · · · · · · · · · · · · · · 245	출퇴근 · · · · · · · · · · · · · · 165	캐나다 · · · · · · · · · · · · · · 279
철학 · · · · · · · · · · · · · · · 121	출퇴근 시간 · · · · · · · · · · 147	캐러멜 · · · · · · · · · · · · · · 204
첨부 · · · · · · · · · · · · · · · 173	출혈 · · · · · · · · · · · · · · · 100	캡슐 · · · · · · · · · · · · · · · · 96
첫 번째 · · · · · · · · · · · · · · 70	춥다 · · · · · · · · · · · · · · · 275	커서 · · · · · · · · · · · · · · · 171
첫눈에 반하다 · · · · · · · · · 24	충치 · · · · · · · · · · · · · · · 100	커튼 · · · · · · · · · · · · · · · · 50
첫사랑 · · · · · · · · · · · · · · · 24	취급주의 · · · · · · · · · · · · · 90	컴퓨터 · · · · · · · · · · · · · · 167
첫차 · · · · · · · · · · · · · · · 147	취미 · · · · · · · · · · · · · · · 220	컴퓨터를 사용하다 · · · · · · 31
청년 · · · · · · · · · · · · · · · · 22	취소대기 · · · · · · · · · · · · 153	컵 · · · · · · · · · · · · · · · · · · 53
청동 · · · · · · · · · · · · · · · 265	취직하다 · · · · · · · · · · · · 166	케첩 · · · · · · · · · · · · · · · 187
청량음료 · · · · · · · · · · · · 105	취하다 · · · · · · · · · · · · · · 111	켜다 · · · · · · · · · · · · · · · 201
청바지 · · · · · · · · · · · · · · 188	치과의사 · · · · · · · · · · · · · 93	코 · · · · · · · · · · · · · · · · · · 12
청색 · · · · · · · · · · · · · · · 266	치료 · · · · · · · · · · · · · · · · 94	~코너 · · · · · · · · · · · · · · 183
청첩장 · · · · · · · · · · · · · · · 26	치마 · · · · · · · · · · · · · · · 192	코끼리 · · · · · · · · · · · · · · 240
청혼 · · · · · · · · · · · · · · · · 23	치약 · · · · · · · · · · · · · · · · 54	코미디 · · · · · · · · · · · · · · 231
체온계 · · · · · · · · · · · · · · · 93	친밀한 친구 · · · · · · · · · · 176	코스모스 · · · · · · · · · · · · 257
체육 · · · · · · · · · · · · · · · 120	친절 · · · · · · · · · · · · · · · · 41	코피 · · · · · · · · · · · · · · · · 98
체육관 · · · · · · · · · · · · · · 117	친척 · · · · · · · · · · · · · · · · 21	콜라 · · · · · · · · · · · · · · · 104
체인 · · · · · · · · · · · · · · · 133	7 · · · · · · · · · · · · · · · · · · 66	콧물 흐름 · · · · · · · · · · · · 100
체크아웃 · · · · · · · · · · · · 112	70 · · · · · · · · · · · · · · · · · 67	콧수염 · · · · · · · · · · · · · · · 13
체크인 · · · · · · · · · · · · · · 112	7월 · · · · · · · · · · · · · · · · · 77	콩 · · · · · · · · · · · · · · · · 258
체포 · · · · · · · · · · · · · · · 122	침(곤충) · · · · · · · · · · · · · 247	콩나물 · · · · · · · · · · · · · · 259
첼로 · · · · · · · · · · · · · · · 232	침, 타액 · · · · · · · · · · · · · 33	쿠폰 · · · · · · · · · · · · · · · 183
초 · · · · · · · · · · · · · · · · · · 80	침대 · · · · · · · · · · · · · · · · 56	퀸 · · · · · · · · · · · · · · · · · 222
초기화하다 · · · · · · · · · · · 171	침대 완충대 · · · · · · · · · · · 59	크기 · · · · · · · · · · · · · · · · 72
초대 · · · · · · · · · · · · · · · 177	침대보 · · · · · · · · · · · · · · 56	크다 · · · · · · · · · · · · · · · 274
초등학교 · · · · · · · · · · · · · 117	침대차 · · · · · · · · · · · · · · 144	클러치 · · · · · · · · · · · · · · 138
초롱초롱한 눈 · · · · · · · · · 37	침실 · · · · · · · · · · · · · · · · 56	클로버 · · · · · · · · · · · · · · 222
초승달 · · · · · · · · · · · · · · 268	칫솔 · · · · · · · · · · · · · · · · 54	클릭 · · · · · · · · · · · · · · · 171
초원 · · · · · · · · · · · · · · · 260		키 · · · · · · · · · · · · · · · · · · 36
초인종 · · · · · · · · · · · · · · · 48	**ㅋ**	키(舵) · · · · · · · · · · · · · · 149
초콜릿 · · · · · · · · · · · · · · 204	카드 삽입구 · · · · · · · · · · 103	키가 작은 · · · · · · · · · · · · · 36
추가주문 · · · · · · · · · · · · 107	카드 한 벌 · · · · · · · · · · · 223	키가 큰 · · · · · · · · · · · · · · 36
추리닝 · · · · · · · · · · · · · · 189	카드게임 · · · · · · · · · · · · 222	키보드 · · · · · · · · · · · · · · 170
추석 · · · · · · · · · · · · · · · · 78	카드를 배분하다 · · · · · · · 223	키위 · · · · · · · · · · · · · · · 253
추운 · · · · · · · · · · · · · · · · 38	카드를 섞다 · · · · · · · · · · 223	킬로 · · · · · · · · · · · · · · · · 73
추하다 · · · · · · · · · · · · · · 277	카레 · · · · · · · · · · · · · · · 104	킹 · · · · · · · · · · · · · · · · 222
축구 · · · · · · · · · · · · · · · 212	카레라이스 · · · · · · · · · · · 107	
축구공 · · · · · · · · · · · · · · 214	카세트 플레이어 · · · · · · · 201	**ㅌ**
출구 · · · · · · · · · · · 146, 235	카센터 · · · · · · · · · · · · · · 139	타박상 · · · · · · · · · · · · · · 100
출근하다 · · · · · · · · · · · · · 29	카스텔라 · · · · · · · · · · · · 204	타원형 · · · · · · · · · · · · · · · 74

타이어 · · · · · · · · · 135, 136	튤립 · · · · · · · · · · · · · · 257	페달 · · · · · · · · · · · · · · 133
타이어의 접지면 · · · · · · · 133	트랙 · · · · · · · · · · · · · · 235	페이스트리 · · · · · · · · · · 205
타조 · · · · · · · · · · · · · · 244	트럭 · · · · · · · · · · · · · · 131	펜치 · · · · · · · · · · · · · · · 60
타코 · · · · · · · · · · · · · · 105	트럼펫 · · · · · · · · · · · · · 232	펭귄 · · · · · · · · · · · · · · 244
탁구 · · · · · · · · · · · · · · 211	트럼프 · · · · · · · · · · · · · 223	편도티켓 · · · · · · · · · · · · 146
탁구 치다 · · · · · · · · · · · · 31	트렁크 · · · · · · · · · · · · · 136	편두통 · · · · · · · · · · · · · 100
탄산음료 · · · · · · · · · · · 186	트롬본 · · · · · · · · · · · · · 232	편지 · · · · · · · · · · · · · · · 90
탄생 · · · · · · · · · · · · · · · 22	트림 · · · · · · · · · · · · · · · 33	편지를 쓰다 · · · · · · · · · · · 31
탄생석 · · · · · · · · · · · · · 203	특별석 · · · · · · · · · · · · · 150	평균 · · · · · · · · · · · · · · · 73
탈것 · · · · · · · · · · 130, 235	TV · · · · · · · · · · · · · · · 228	평방미터 · · · · · · · · · · · · · 73
탑승구 번호 · · · · · · · · · · 151	TV를 보다 · · · · · · · · · · · 29	평사원 · · · · · · · · · · · · · 163
탑승권 · · · · · · · · · · · · · 151	TV탤런트 · · · · · · · · · · · · 159	평상복 · · · · · · · · · · · · · 189
탑승대기실 · · · · · · · · · · 151	티셔츠 · · · · · · · · · · · · · 188	평일 · · · · · · · · · · · · · · · 81
탑승수속카운터 · · · · · · · 151	티켓창구 · · · · · · · · · · · · 146	평행사변형 · · · · · · · · · · · 74
태국 · · · · · · · · · · · · · · 278	팁 · · · · · · · · · · · · · · · · 113	평화 · · · · · · · · · · · · · · · 41
태도 · · · · · · · · · · · · · · 177		폐 · · · · · · · · · · · · · · · · · 18
태양 · · · · · · · · · · · · · · 226	**ㅍ**	포도 · · · · · · · · · · · · · · 251
택배 · · · · · · · · · · · · · · · 91	파 · · · · · · · · · · · · · · · · 258	포르투갈 · · · · · · · · · · · · 281
택시운전수 · · · · · · · · · · 159	파도 · · · · · · · · · · · · · · 226	포장하다 · · · · · · · · · · · · 183
터키 · · · · · · · · · · · · · · 279	파라솔 · · · · · · · · · · · · · 226	포크 · · · · · · · · · · · · · · · 53
턱 · · · · · · · · · · · · · · · · 13	파리 · · · · · · · · · · · · · · 246	포털사이트 · · · · · · · · · · 174
턱걸이 · · · · · · · · · · · · · 218	파마머리 · · · · · · · · · · · · · 37	포플러 · · · · · · · · · · · · · 255
턱수염 · · · · · · · · · · · · · · 13	파스타 · · · · · · · · · · · · · 106	폭포 · · · · · · · · · · · · · · 260
턱시도 · · · · · · · · · · · · · 189	파운데이션 · · · · · · · · · · 196	폭풍우 · · · · · · · · · · · · · 263
텅 빈 · · · · · · · · · · · · · · 276	파인애플 · · · · · · · · · · · · 252	폭행 · · · · · · · · · · · · · · 122
테니스 · · · · · · · · · · · · · 211	파키스탄 · · · · · · · · · · · · 279	폴란드 · · · · · · · · · · · · · 281
테니스공 · · · · · · · · · · · · 214	파티션 · · · · · · · · · · · · · 169	폴로티 · · · · · · · · · · · · · 188
텔레비전 · · · · · · · · 51, 200	팔 · · · · · · · · · · · · · · · · 14	푹 자다 · · · · · · · · · · · · · 57
토끼 · · · · · · · · · · · · · · 241	8 · · · · · · · · · · · · · · · · · 66	풍경 · · · · · · · · · · · · · · 260
토마토 · · · · · · · · · · · · · 259	팔걸이 · · · · · · · · · · · · · 138	풍선 · · · · · · · · · · · · · · 234
토스터기 · · · · · · · · · · · · · 52	팔굽혀펴기 · · · · · · · · · · 219	프라이드치킨 · · · · · · · · · 104
토양 · · · · · · · · · · · · · · 264	팔꿈치 · · · · · · · · · · · · · · 17	프라이팬 · · · · · · · · · · · · · 52
토요일 · · · · · · · · · · · · · · 79	80 · · · · · · · · · · · · · · · · 67	프랑스 · · · · · · · · · · · · · 281
토파즈 · · · · · · · · · · · · · 202	8월 · · · · · · · · · · · · · · · · 77	프런트 · · · · · · · · · · · · · 112
톤 · · · · · · · · · · · · · · · · 73	팔찌 · · · · · · · · · · · · · · 193	프레임 · · · · · · · · · · · · · 132
톱 · · · · · · · · · · · · · · · · 60	팝콘 · · · · · · · · · · · · · · 230	프로그램의 오류 · · · · · · · 174
통로 · · · · · · · · · · · · · · 150	패스트푸드 · · · · · · · · · · 104	프로펠러 · · · · · · · · · · · · 149
통로(탑승용) · · · · · · · · · 153	팩스기 · · · · · · · · · · · · · 167	프린터 · · · · · · · · · · · · · 170
통역 · · · · · · · · · · · · · · 177	팬벨트 · · · · · · · · · · · · · 138	플라타너스 · · · · · · · · · · 255
통역관 · · · · · · · · · · · · · 160	팬티 · · · · · · · · · · · · · · 189	플래카드 · · · · · · · · · · · · · 89
통조림 · · · · · · · · · · · · · 186	팬티스타킹 · · · · · · · · · · 192	피 · · · · · · · · · · · · · · · · · 19
통증 · · · · · · · · · · · · · · 100	팽팽한 · · · · · · · · · · · · · 275	피망 · · · · · · · · · · · · · · 259
퇴사하다 · · · · · · · · · · · · 166	퍼즐게임을 하다 · · · · · · · · 31	피부 · · · · · · · · · · · · · · · 19
튜브 · · · · · · · · · · · · · · 216	펑크 · · · · · · · · · · · · · · 139	피부 관리용품 · · · · · · · · · 97

피부 미용관리 · · · · · · · · 198	햄버거 · · · · · · · · · · · · · · 104	화물선 · · · · · · · · · · · · · · 149
피부과 · · · · · · · · · · · · · · · 94	햄스터 · · · · · · · · · · · · · · 242	화산 · · · · · · · · · · · · · · · · 261
피아노 · · · · · · · · · · · · · · 232	햇볕이 쬐는 · · · · · · · · · · 262	화상 · · · · · · · · · · · · · · · · · 99
피아노 연습을 하다 · · · · · 31	행복한 · · · · · · · · · · 38, 276	화성 · · · · · · · · · · · · · · · · 269
피해자 · · · · · · · · · · · · · · 122	행성 · · · · · · · · · · · · · · · · 268	화요일 · · · · · · · · · · · · · · · 79
필리핀 · · · · · · · · · · · · · · 279	행주 · · · · · · · · · · · · · · · · · 53	화장(火葬) · · · · · · · · · · · · 23
필통 · · · · · · · · · · · · · · · · 116	향수 · · · · · · · · · · · · · · · · 197	화장(化粧) · · · · · · · · · · · 196
	허리띠 · · · · · · · · · · · · · · 193	화장대 · · · · · · · · · · · · · · · 57
ㅎ	허벅지 · · · · · · · · · · · · · · · 17	화장실 · · · · · · · · · 146, 150
하늘 · · · · · · · · · · · · · · · · 263	헐렁한 · · · · · · · · · · · · · · 190	화장지 · · · · · · · · · · · · · · · 54
하드 · · · · · · · · · · · · · · · · 205	헤드라이트 · · · · · 135, 136	화장품 · · · · · · · · · 184, 196
하드디스크 · · · · · · · · · · 170	헤어드라이어 · · · · · · · · · 54	화장하다 · · · · · · · · · · · · 197
하루 결근하다 · · · · · · · · 166	헬리콥터 · · · · · · · · · · · · 130	화제 · · · · · · · · · · · · · · · · 177
하마 · · · · · · · · · · · · · · · · 242	헬멧 · · · · · · · · · · 135, 214	화학 · · · · · · · · · · · · · · · · 120
하이힐 · · · · · · · · · · · · · · 194	헬스운동 · · · · · · · · · · · · 211	화해하다 · · · · · · · · · · · · · 26
하키 · · · · · · · · · · · · · · · · 213	혀 · · · · · · · · · · · · · · · · · · · 13	환갑 · · · · · · · · · · · · · · · · · 79
하트 · · · · · · · · · · · · · · · · 222	현관 · · · · · · · · · · · · · · · · · 49	환불 · · · · · · · · · · · · · · · · 183
하품 · · · · · · · · · · · · · · · · · 33	현금 · · · · · · · · · · · · · · · · 182	환자 · · · · · · · · · · · · · · · · · 94
학 · · · · · · · · · · · · · · · · · · 244	현금인출기 · · · · · · · · · · 102	환전 · · · · · · · · · · · · · · · · 114
학교 · · · · · · · · · · · · 88, 116	현기증 나다 · · · · · · · · · · 101	활주로 · · · · · · · · · · · · · · 152
학기 · · · · · · · · · · · · · · · · 118	현재 · · · · · · · · · · · · · · · · · 81	황금시간대 · · · · · · · · · · 229
학년 · · · · · · · · · · · · · · · · 118	혈관 · · · · · · · · · · · · · · · · · 19	회계원 · · · · · · · · · · · · · · 161
학생 · · · · · · · · · · · · · · · · 116	혈압 · · · · · · · · · · · · · · · · · 99	회색 · · · · · · · · · · · · · · · · 266
한 다발로 묶은 머리 · · · · 37	협상 · · · · · · · · · · · · · · · · 165	회의 · · · · · · · · · · · · · · · · 164
한국 · · · · · · · · · · · · · · · · 279	형광펜 · · · · · · · · · · · · · · 169	회장 · · · · · · · · · · · · · · · · 162
한밤중 · · · · · · · · · · · · · · · 80	형사 · · · · · · · · · · · · · · · · 123	회전 속도계 · · · · · · · · · · 137
한숨 · · · · · · · · · · · · · · · · · 32	호두 · · · · · · · · · · · · · · · · 252	회전관람차 · · · · · · · · · · 235
할머니 · · · · · · · · · · · · · · · 20	호랑이 · · · · · · · · · · · · · · 240	회전목마 · · · · · · · · · · · · 234
할아버지 · · · · · · · · · · · · · 20	호박(琥珀) · · · · · · · · · · · 202	회전식 원형 컨베이어 · · · · 152
핫도그(미국식) · · · · · · · 104	호박(야채) · · · · · · · · · · · 259	횡단보도 · · · · · · · · · · · · 141
핫도그(한국식) · · · · · · · 104	호수 · · · · · · · · · · · · · · · · 260	후사경 · · · · · · · · 134, 137
항공편 번호 · · · · · · · · · · 153	호주 · · · · · · · · · · · · · · · · 279	후식 · · · · · · · · · · · · · · · · 107
항구 · · · · · · · · · · · · · · · · 148	호치키스 · · · · · · · · · · · · 168	후진국 · · · · · · · · · · · · · · 282
항아리 · · · · · · · · · · · · · · · 53	호치키스 침 · · · · · · · · · · 168	후회 · · · · · · · · · · · · · · · · · 41
해 · · · · · · · · · · · · · · · · · · 268	호텔 · · · · · · · · · · · · · · · · 112	훔치다 · · · · · · · · · · · · · · 123
해물요리 · · · · · · · · · · · · 106	호흡 · · · · · · · · · · · · · · · · · 33	휘발유 · · · · · · · · · · · · · · 139
해바라기 · · · · · · · · · · · · 256	호흡장치 · · · · · · · · · · · · 215	휘발유 펌프 · · · · · · · · · · 139
해설자 · · · · · · · · · · · · · · 228	혼잡한 · · · · · · · · · · · · · · 147	휠체어 · · · · · · · · · · · · · · · 94
해안 · · · · · · · · · · · · · · · · 227	홀수 · · · · · · · · · · · · · · · · · 69	휴가 · · · · · · · · · · 164, 225
해안경비대 · · · · · · · · · · 149	홀아비 · · · · · · · · · · · · · · · 23	휴대폰 · · · · · · · · · · · · · · 168
해외여행 · · · · · · · · · · · · 225	홈페이지 · · · · · · · · · · · · 172	흙받이 · · · · · · · · · · · · · · 135
해협 · · · · · · · · · · · · · · · · 271	홍수 · · · · · · · · · · · · · · · · 262	희망 · · · · · · · · · · · · · · · · · 41
핸드볼 · · · · · · · · · · · · · · 213	화난 · · · · · · · · · · · · · · · · · 38	흰색 · · · · · · · · · · · · · · · · 266
핸들 · · · · · · · · · · · 132, 134	화물 · · · · · · · · · · · · · · · · 149	힘 · · · · · · · · · · · · · · · · · · 265

한 번만 봐도 기억에 남는
테마별 영단어 2300

초판 19쇄 발행 | 2023년 9월 25일

지은이 | 이화승
편 집 | 홍경래, 박진희
디자인 | 박소희
그린이 | 정병철, 김만영

제 작 | 선경프린테크
펴낸곳 | Vitamin Book
펴낸이 | 박영진

등 록 | 제318-2004-00072호
주 소 | 07251 서울특별시 영등포구 영신로 40길 18 윤성빌딩 405호
전 화 | 02) 2677-1064
팩 스 | 02) 2677-1026
이메일 | vitaminbooks@naver.com

© 2009 Vitamin Book

ISBN 978-89-92683-26-5 (13740)

잘못 만들어진 책은 바꿔드립니다.